無理をしない快感

石原壮一郎

「ラクにしてOK」のキーワード108

［はじめに］

「無理してしまうという病」への108の処方箋です

「無理してませんか？」

そう聞かれたら、多くの人は思い当たるフシがあるでしょう。仕事にせよ人間関係にせよ日常生活にせよ、私たちはついつい自分に無理をさせてしまいます。

「あなたは、なんのために無理をしているんですか？」

そう聞かれたら、多くの人は言葉に詰まるでしょう。いや、家族のためとか出世のためとか責任感とか義理とか人情とか、もっともらしい理由を挙げることはできそうです。でも、その無理は本当に必要でしょうか。そこまで苦しい思いをして、いろんなものを犠牲にして、どうしてもする必要のある無理でしょうか。

自覚していたり無自覚だったり、重かったり軽かったりいろいろですけど、私たちは誰もが「無理してしまうという病《やまい》」にかかっています。これはたいへんに恐ろしい病で、重症化すると、すべてにおいて無理に無理を重ねないと満足できなくなります。

さらに、自分だけならまだしも、他人も無理をしていないと気が済みません。

「無理が通れば道理が引っ込む」ということわざがあります。これは「道理に反するようなことが通用してしまうなら、この世から正義はなくなってしまう」という意味。無理をするのが基本になると、自分にとって大切な〝正義〟が見えなくなるでしょう。無理を通せば笑顔や心は引っ込みます。

そんな調子で、一度しかない人生を終えてしまうわけにはいきません。自分なりに「がんばる」ことは、とても大切です。しかし、無理をすることで何かした気になっている場合ではありません。無理がクセになっている私たちにとっての最重要課題は、「無理をしてしまうという病」を追っ払うことです。

私事《わたくしごと》で恐縮ですが、もうすぐ還暦を迎えます。ご多分に漏れずというか人様のことは言えないというか、社会人になってから、いやたぶん物心ついてからずっと、それなりに無理を重ねてきました。どうでもいいことで人と張り合ってみたり、小さな見栄を張ってみたり、謎の義務感でホンネとは裏腹の行動をしてみたり……。

しかし、いわゆる「無理がきかない年齢」になったせいでしょうか、数年前から心境の変化が訪れています。「まあ、無理しなくてもいいか」と思うことが増えてきました。何かの拍子に「自分は今、無理してるな」と気づくこともしばしばあります。とはいっても、「無理をするべし」「もっと無理できるはず」という洗脳から解放されるのは、なかなか容易ではありません。うっかり無理しそうになるたびに、あの手この手で「無理をしないという選択肢を選べば、こんなにいいことがある」「無理をしないことで、こんな快感を味わえる」と自分に言い聞かせています。

人生があとどのぐらいあるのかはわかりませんが、最後に後悔しないために「無理のない毎日」を送るべく全力を尽くし……あっ、しまった。無理のない範囲で心がけていこうと、ですね。

そんな折も折、縁あってこういう本を書かせてもらうことになりました。ずらりと並べたのは「無理をしてしまうという病」を追っ払うための108の処方箋《しょほうせん》です。

まずは目次の項目をざっと眺めて、ほとんどの項目が自分に当てはまって胸が痛くなるようなら、すぐに治療が必要です。それぞれの項目を読んで、無理をしなくていいんだ、無理をしてはいけないんだと自分に念入りに言い聞かせてください。

ちょくちょく思い当たるフシがあるという人も、読み進めるうちに「たしかに、こういう無理をしている」と気づいてもらえるかと存じます。それぞれの「無理をしない快感」を知ることで、見える景色が大きく変わるでしょう。

「えっ、どこがどう『無理』なのかわからない」と感じた方は、もしかしたらもっと深刻な状態かも。すっかり習慣になっているたくさんの「無理」に気づくことで、新しい人生への第一歩を踏み出してください。

この本では最初から最後まで、つまりは「そんなに無理しないでいいですよ」と言い続けています。それはけっして無理難題ではないはず。無理をすることで得られる見せかけの快感に惑わされず、無理をしない快感をたっぷり味わいましょう。

私たちは、無理をするために生まれてきたわけではないはずです。

無理をしない快感　「ラクにしてOK」のキーワード108　目次

［はじめに］「無理してしまうという病」への108の処方箋です　2
人脈は作らなくてオッケー　12
後悔はどんどんしてオッケー　14
言うことがコロコロ変わってオッケー　16
自分に甘くてオッケー　18
悩みはたくさんあってオッケー　20
異性への想いは素直に口にしてオッケー　21
未知の分野にチャレンジしなくてオッケー　22
弱い人間でオッケー　24
イヤなヤツとは縁を切ってオッケー　26
今日できることを明日に回してオッケー　28
持ち家でなく賃貸でオッケー　30
コース料理やワインはいちばん安いのでオッケー　31
「知らない」「わからない」と言ってオッケー　32
断捨離はしなくてオッケー　34
貯金がなくてもオッケー　36
親孝行はできる範囲でやればオッケー　38

友だちは少なくてオッケー 40
行列のできる店に行かなくてオッケー 41
他人の幸せや成功は嫉妬してもオッケー 42
自慢したいときはしてもオッケー 44
時事問題やニュースは語らなくてオッケー 46
相手のイヤなところは指摘してオッケー 48
ダメ出しは聞き流してオッケー 50
加齢による衰えがあってオッケー 51
SNSと縁を切ってオッケー 52
昔話はしてもオッケー 54
「いつも同じ服着てる」と思われてオッケー 56
とにかくすぐに謝ってオッケー 58
こまめに掃除しなくてオッケー 59
学歴を引きずらなくてオッケー 60
近所付き合いはうわべだけでオッケー 62
イヤになったら途中でやめてオッケー 64
物忘れはしてオッケー 66
常に化粧していなくてオッケー 67
出世はしなくてオッケー 68
モテたいと思わなくてオッケー 70
若者に説教をしてオッケー 72
人前で泣いてオッケー 74
LINEはすぐに返信しなくてオッケー 75
同僚や友人と比べなくてオッケー 76
無駄遣いはしてもオッケー 78
「いい人」と思われなくてオッケー 80

嫌われるのは自分のせいと思わなくてオッケー　82
頭髪は薄いままでオッケー　83
カラオケでは古い歌ばかりでオッケー　84
義理の葬式には行かなくてオッケー　86
議論に勝たなくてオッケー　88
そもそも言い争わなくてオッケー　90
ダジャレはどんどん言ってオッケー　91
先回りの気づかいはしなくてオッケー　92
心にたまった毒は吐き出してオッケー　94
気が乗らないからと誘いを断ってオッケー　96
子どもの成績はほかの子と比べなくてオッケー　98
マズい飲食店では残してオッケー　99
役立つことは言わなくてオッケー　100
いつまでもアイドル好きでオッケー　102
社内政治は気にしなくてオッケー　104
会話は盛り上げなくてオッケー　106
スケベでオッケー　107
ヤキモチは焼いてオッケー　108
配偶者の親とは仲良くならなくてオッケー　110
落ち込んでいる自分を責めなくてオッケー　112
自分の失敗は笑って流してオッケー　114
カタカナ語にしなくてオッケー　115
日本と外国を比べなくてオッケー　116
ポイントはちまちま貯めなくてオッケー　118
読めてない本が増えていってオッケー　120
お世辞は言わなくてオッケー　122

迷ったときはオゴらなくてオッケー 123
故郷とのつながりにしばられなくてオッケー 124
アドバイスには従わなくてオッケー 126
上司や取引先の顔色をうかがわなくてオッケー 128
集まりでは下っ端でオッケー 130
話題の映画やドラマを語らなくてオッケー 131
ブランド品は身に着けなくてオッケー 132
歴史上の人物に詳しくなくてオッケー 134
お金は運用しなくてオッケー 136
洋服にシミやシワがあってもオッケー 138
試食したからといって買わなくてもオッケー 139
年中行事はスルーしてオッケー 140
糖質&カロリーは気にしすぎなくてオッケー 142
マナーの「常識」は無視してオッケー 144
「いいね!」やコメントがつかなくてオッケー 146
髪型は変えなくてオッケー 147
旅行は無計画でオッケー 148
意識は高くなくてオッケー 150
職場へのお土産は買わなくてオッケー 152
よその子どもの名前は覚えなくてオッケー 154
賞味期限にしばられなくてオッケー 155
デートではお金をかけなくてオッケー 156
積極的にダラダラしてオッケー 158
「マニア」にならなくてオッケー 160
謎のカタカナ語は意味を聞いてオッケー 162
食べ物の好き嫌いは克服しなくてオッケー 163

お酒の種類は人に合わせなくてオッケー 164
空気は読まなくてオッケー 166
SNSで自分を盛らなくてオッケー 168
最先端の音楽はチェックしなくてオッケー 170
お腹は出ていてオッケー 171
子育てはしんどいと思ってオッケー 172
アップデートしなくてオッケー 174
電車やクルマの移動は急がなくてオッケー 176
エスカレーターで「見えろ」と念じてオッケー 178
食事中のトイレはガマンしなくてオッケー 179
幸せにならなくてもオッケー 180
人生のゴールは見えていなくてオッケー 182
「人生の半分損をしている」でオッケー 184
この本は全部読まなくてオッケー 185

［解説］ 人生というネジはあえてゆるくしておきましょう 石黒謙吾 186

［おわりに］ 無意識に無駄な無理をしてしまうクセから抜け出す快感 188

Let's Relax
for 108 points

108のキーワードを
5つの快感に分類

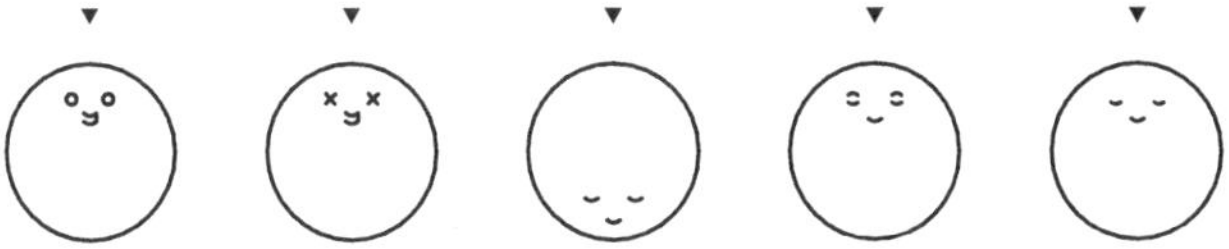

押し出す快感
うしろ向きだった心待ちが
ドカンと前に進むように

はじける快感
溜まっていた悩みが
パッと飛び去っていくように

こもる快感
気になる周りからの視線が
サッと見えなくなるように

脱力する快感
固まっていた気持ちが
スーッとゆるんでいくように

離す快感
心の中に居着いた執着が
フワッと抜けていくように

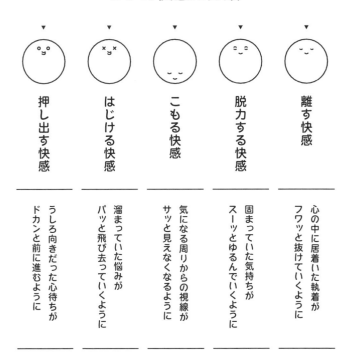

人脈は作らなくてオッケー

　これまでの人生を振り返ってみて、〝**作ろうとして作った人脈**〟が役に立ったことがあるでしょうか。いやない。

「人脈が豊富な人と思われたい」「メリットがある人脈をつかみたい」という下心を丸出しにして、せっせと人脈作りにはげんでいる人は少なからずいます。そういう人を見るたびに、ちょっと軽べつが混じった視線を向けてきたのではないでしょうか。

「仕事ができないヤツに限って、人脈人脈って言いたがるんだよな」ぐらいのことも思ったでしょう。年齢を重ねて社会経験を重ね、いろんな人を見るにつれて、その思いは確信に変わっていったに違いありません。

　若いころは「異業種交流会」という響きに魅力を感じ、「人脈を広げたい」と期待に胸をふくらませて参加してみたことがある人は多いでしょう。恥ずかしながら、私も何度か行きました。

　しかし、そこで交換したたくさんの名刺を翌日になって見直しても、相手の顔はほとんど浮かんできません。まして、わざわざ連絡を取ることも連絡が来ることもまずありません。

そもそも人と人とのつながりを「人脈」と呼ぶところが、うさん臭さに満ちています。「鉱脈」から連想されるように「おいしいメリット」の存在が前提になっているし、「山脈」を重ね合わせて自分を実際以上に大きく見せようというセコい了見もうかがえます。面と向かって「Aさんと人脈ができて嬉しいです」と言われたら、Aさんはさぞ気分が悪いでしょう。

「人脈が広がればデキるビジネスマンになれる」と「これこれこういうハウツーを身に着ければモテる」という妄想は、よく似ています。妄想しているあいだはウキウキできますが、現実には昨日と同じイマイチな自分がいるだけ。むしろ、必死になって妄想を追えば追うほど、よりイマイチになっていきます。

無理をしなくても、**つながる必然性がある相手とは、やがてつながります。**私たちは昔から、そういうつながりを「ご縁」と呼んできました。「人脈を作らなければ」という気持ちは、今すぐ捨てましょう。そうすることで初めて、自分にとって本当に必要で大切にしたい「いいご縁」が寄ってきます。

後悔はどんどんしてオッケー

「後悔先に立たず」は、済んだことを悔やんでも取り返しがつかないという意味。「逃した魚は大きい」や「死んだ子の年を数える」も、後悔を否定することわざです。そんなふうに、後悔は無意味で虚《むな》しいこととされてきました。

中華料理店でラーメンと餃子のセットを注文してから「やっぱりチャーハンと餃子のセットにすればよかった」と思ったり、競馬場で馬券がハズレて「やっぱり○番から買っておけばよかった」と地団駄踏んだりするのは、たしかに無意味で虚しい後悔です。沖縄に旅行に行ったら台風に当たってしまい、ホテルの部屋で「やっぱり別の日にすればよかった」と後悔したところで、どうしようもありません。

ただ、したほうがいい後悔もあります。仕事でのマヌケな失敗や酒の席での上司への失言、知り合った若い女性につい送ってしまった絵文字だらけのおじさんＬＩＮＥなど、「ああ、なんであんなことしちゃったんだろう」と後悔して、そこから反省につなげたいところ。**後悔の念というバツを自分に与えて痛みをじゅうぶんに**感じないと、

はじける快感

また同じことをくり返してしまいます。

「やっちゃった」と思っても、「後悔はしてはいけない」と無理に自分を抑えつけたら、ロクなことはありません。反省の機会を逸するだけならまだしも、オレは悪くないと自分を正当化したり、誰かのせいや何かのせいにしたくなったりします。

それでいて、心の中の「ああ、なんであんなことしちゃったんだろう」という気持ちは簡単には消えてくれません。結果的に「後悔」っぽい気持ちが長く尾を引いて、でもそこからは目を逸らし続けるというややこしい状態になるでしょう。

日々の後悔だけでなく人生を振り返っての後悔も、多くの人が抱いているはず。「なぜこの人を結婚相手に選んでしまったんだろう」「感謝の気持ちを伝える前に親と永遠の別れになってしまった」……などなど。ちゃんと向き合ってたっぷり後悔することで、自分を慰めたり、あきらめがついたりします。

自分への言い訳やないものねだりでしかない後悔は、しないほうが吉。しかし、**明日《あした》につながる後悔や人生の妙味が感じられる後悔**は、遠慮する必要はありません。いざ、**後悔という航海**に出て、自分を成長させようではありませんか。

言うことがコロコロ変わってオッケー

「初志貫徹」「首尾一貫」など、考えや発言が変わらないことを称《たた》える言葉はたくさんあります。さらに「右往左往」「朝令暮改」など、考えや発言がコロコロ変わることを批判する言葉もたくさんあります。

「融通無碍《ゆうずうむげ》」「臨機応変」など、状況に合わせて変わることをプラスに捉《とら》える言葉もありますが、全面的にホメているわけではありません。どことなく「ズルいやり方」というニュアンスが含まれています。

もろもろ考え合わせると、世の中では一般的に「変わらないほうがエライ」という前提があると言えるでしょう。たしかに、仕事にせよ趣味にせよ、コロコロ変えていたら、いつまでたってもたいした成果は挙げられません。昨日言っていたことと逆のことを言い出したら、周囲としてはちょっと戸惑います。

だからといって、**「変わらないこと」を最優先にしてしまうのは危険。**今期の朝ドラは面白いか、ホヤを美味しいと思うか、このあいだウチの会社の社長になった二代目のボンボンをどう評価するか……などなど、去年と今年、先週と今週、昨日と今日で意見が変わることはぜんぜん珍しくありません。

最初は頼りなかったボンボン社長も、徐々にたくましくなって、今では立派なリーダーになったとします。しかし、以前に同僚と「やっぱりあの人は……」とさんざん批判していたことを思い出すと、ホメることを躊躇《ちゅうちょ》しがち。それは、極端に言うと周囲にも自分にもウソをつき続けるということです。

意見や評価が変わったら、遠慮なく前言を翻しましょう。過去の自分の発言にしばられて、本当に言いたいことを無理にガマンする必要はありません。「おまえ、ホヤは苦手だって言ってたじゃない」と突っ込まれたら、すました顔で「人間として進化したんだよ」ぐらいのリアクションをしておきましょう。

過去の発言に限らず、ラクに生きていくうえで大切なのは、**「過去のしがらみ」をどんどん捨てる**こと。公の場で発言したわけでもない、なんの責任もない個人的な発言なんて気にしている場合ではありません。

言うことをコロコロ変えるのは、過去のしがらみを捨てて身軽になっていく第一歩であり、格好のエクササイズです。今日も何か1つ、前言を翻してみましょう。

自分に甘くてオッケー

私たちは物心ついたころから、「自分に厳しくあれ」と教えられてきました。

遊びたいとかサボりたいといった誘惑に負けず、やるべきことをきっちりこなす。ルールを厳格に守って、要領よくズルするなんてことはしない。他人に礼儀正しく接して、受けた恩は必ず返す、規則正しい生活をしてバランスの取れた食生活で、お酒はほどほどに……などなど、実例を挙げ始めたらキリがありません。

「ああ、自分がもっと自分に厳しかったら、人生が変わっていたかも」と思う人は多いでしょう。しかし**人間は弱い生き物**です。ほとんどの人は（もちろん私も）、自分に厳しくなんてできません。それだけに自分に厳しい人には、尊敬と敬意を表します。

ただ、尊敬と敬意を表するのは、主にその意志の強さに対して。負け惜しみに聞こえるかもしれませんけど、自分に厳しい人はなんだか付き合いづらいし、人としての面白みも深みもないように見えます。

勝手に決めつけてすみません。でも実際のところ、職場にせよ趣味か何かの集まり

脱力する快感

にせよ、面倒くさいことを言い出して話をややこしくするのは、たいてい「自分に厳しそうな人」です。自分に厳しいぶん、他人にもやたら厳しいというか……。

そりゃそうです。自分に厳しい人が、「自分はがんばってるのに、おまえたちはラクしやがって」とか「自分だってガマンしてるんだから、おまえたちもガマンしろ」と思うのは仕方ありません。口には出さないとしても、心の中は常に不満やイライラが渦巻いてしまうでしょう。

そう考えると、自分に厳しくするのも痛しかゆし。もしかしたら、自分に厳しくできない側には想像できない、自分に厳しい人だけが到達できる幸せな桃源郷があるのでしょうか。あるとしても、あんまりそそられません。

自分に甘々だった人が、**いきなり「自分に厳しい人」になるのは不可能**です。なれないのは確定なのに、「もっと自分に厳しくあらねば」というプレッシャーや「どうして自分に厳しくできないんだろう」といううしろめたさを持ってしまいがち。

無理な願望や無意味な呪《のろ》いは潔く捨てましょう。自分に厳しくなれないことと引き換えに、他人の失敗に寛大だったり柔軟性があったりなど、ならではの長所がたくさんあるはず。無理のない範囲で、そっちを伸ばしていきたいものです。

悩みはたくさんあってオッケー

悩むことは、あんまりホメられる行為ではないとされています。うっかり「最近、悩みが多くてさあ」なんて口にしようものなら、その瞬間にダメ人間のレッテルを貼られかねません。

その場に、おせっか……いや、親切な人がいたら、現状を変える努力が足りないとか、思考がネガティブだとか、訳知り顔で原因をアドバイスしてくれるでしょう。大きなお世……いや、ありがたいことです。

「悩みがあることはよくない」という風潮に惑わされて、本当はいろいろ悩んでいても、無理やり「悩みなんてない」と自分に言い聞かせている人もいるでしょう。それで悩みが吹き飛べばけっこうなのですが、**抑えつけられてややこしい方向に熟成してしまったら、**どうにも手をつけられない状況になります。

その昔、高名な小説家が「みんな悩んで大きくなった」とCMでうたいました。悩みはたくさんあってかまいません。見て見ぬフリをせず、しっかり向き合いましょう。

異性への想いは素直に口にしてオッケー

「異性への想い」と言っても、愛の告白というわけではありません。いや、愛の告白でもいいんですけど、もっと幅広く「好意の表明」ぐらいの意味です。

異性に対して「いいなあ」「素敵だなあ」という気持ちを抱いても、なかなか口には出せません。そんなことを言われたら気持ち悪いんじゃないかとか、自分なんかが言うのはおこがましくて失礼じゃないか、なんて思ってしまいます。

無理して自分の気持ちを抑えつける必要はありません。せっかくのプラスの気持ちなのに、**口にしなかったらそれは存在しないのと同じ。**いいなと思ったら、

「○○ちゃんは、いつも元気が良くっていいね。オレは好きだなあ」

「△△さんの笑顔は本当に素敵ですね。憧《あこが》れます」

そんな想いを素直に口にしましょう。口にすればするほど、相手も自分も、そして人類全体も幸せになれます。もちろん、異性が大勢いる中で1人だけに言ったり何度もしつこく伝えたりなど、相手に迷惑な伝え方はしないように気をつけつつ。

未知の分野にチャレンジしなくてオッケー

「未知の分野へのチャレンジ」は、文句なしに素晴らしいとされています。

ただ、仕事にせよ遊びにせよファッションにせよ、未知の分野にチャレンジするのは、けっしてラクではありません。それなりの準備や努力が必要だし、期待どおりの結果が得られない可能性も大いにあります。

「入社以来ずっと総務畑だったのに、50歳を過ぎて初めて営業をやることになった」「インドアの趣味ばかりやってきたけど、元気なうちに山登りを始めてみたい」「新しい自分になるために、思い切ってモヒカン刈りにしてみようと思う」

……どれも、悲惨な未来しか見えてきません。

私たちは「未知の分野にチャレンジする」という響きのカッコよさに惑わされて、**自分の適性や力量を見誤ったり、**「どうにかなるんじゃないかな」と**甘い見通しを持ったり**しがち。時には、よく考えたらやりたくもなければ好きでもないのに、チャレンジすること自体を目的にしてしまうこともあります。

脱力する快感

世の中には「チャレンジ精神を忘れない大人は素敵である」という大前提が根強くあるし、自分としても「オレにはまだ未知の可能性があるはずだ」という図々しい了見を捨てきれません。誰かに何かを勧められた場面で「そういうのは面倒くさいからいいや」なんて言ったら、軽べつの視線を向けられそうです。

もちろん、好奇心につき動かされたとか、今のままでは会社や業界で生き残れないといった「はっきりした理由」がある場合は、未知の分野へのチャレンジも大いにけっこうです。新しい世界を知ったり新しい価値観と出会ったりすることで、ワクワクやドキドキを味わえるでしょう。

しかし、強い衝動も必然性もないのに、漠然とした強迫観念に背中を押され、幻想でしかない周囲の期待に応えようとして、無理に未知の分野にチャレンジする必要はありません。チャレンジへの意欲をことさらアピールする必要もありません。

今まで縁がなかったということは、おそらく自分には必要のない選択肢だということです。現実逃避で「未知の分野」に一発逆転の期待を抱くヒマがあったら、**すでに詳しかったり得意だったりする分野を深く掘り下げましょう。**そっちはそっちでじゅうぶんにワクワクやドキドキを味わえるはずです。

弱い人間でオッケー

夜中にお腹が空《す》いて食べるインスタントラーメンは、どうしてあんなに美味しいのでしょう。しかし、食べ終わってから必ず後悔します。同時に「ああ、自分はなんて弱い人間なんだ。もっと強い人間になりたい」と決意せずにはいられません。

ただ、食べ終わったときは「もうやめよう」と思っても、またすぐに同じことをくり返す未来がクッキリと見えます。夜中のインスタントラーメンだけでなく、仕事をスケジュールどおりに進めたり、部屋をきれいに片づけたり、毎日ちゃんと運動したりなど、何度決意しても人はなかなか変われません。

私たちはなんとなく「強い人間になりたい」と望んでいます。**「強い人間にならなければいけない」と強いプレッシャー**を覚えている人も多いでしょう。

そういえば昔、ハードボイルドな探偵が「男は強くなければ生きていけない。やさしくなければ生きている資格がない」と言っていました。原文には「男」を意味する単語は使われていないので、「人は〜」と解釈してもいいでしょう。

こもる快感

本当に人は「強くなければ生きていけない」のでしょうか。だとしたら、夜中にインスタントラーメンを食べてしまう弱い私は、「生きててすみません」と謝らなければならなくなります。誰に謝ればいいのかよくわかりませんけど。

「強い人間」とは、どういう人のことなのか。意志が強くて困難に負けずに目標を成し遂げられる人は、間違いなく強い人間です。相手が誰であれきっちり反論できたり、好きなものに熱中し続けられたりという強さもあるでしょう。そういう人には、できればなってみたいものです。

ただ、付け焼刃の「強い人間」は、みっともない強さを発揮するケースが少なくありません。虚勢を張って無駄にエラそうな態度を取ることで「強さ」を示す人もいれば、「謝ったら負け」「下手《したて》に出たら負け」といった「強さ」にこだわる人もいます。無理に強くなろうとすると、この類《たぐい》のことをやらかしてしまうかも。

だったら弱い人間のままでいたほうが１００倍マシです。「自分は弱い」と自覚することで、**世の中の多数派である弱い人間の気持ちに寄り添える**し、弱いなりのがんばり方を模索できるでしょう。自分の弱さを認めることも、大切な強さと言えるのでは……おっと、まだまだ「強くあらねば」の呪縛《じゅばく》にとらわれてますね。

イヤなヤツとは縁を切ってオッケー

人生において何がストレスの元になるかと言えば、ぶっちぎりのトップは「イヤなヤツ」です。小さな権力を笠《かさ》に着て嫌がらせをしてきたり、収入や学歴を鼻にかけて人を見下してきたり、逆恨みで悪意や憎しみをぶつけてきたり……。

「困ったヤツ」もストレスの元になりますが、仕方ないなと思えたり多少かわいげがあったりするぶん、だいぶマシです。しかし「イヤなヤツ」は、人を不愉快にさせる才能が服を着て歩いているみたいなもので、救いようも同情の余地もありません。

ただ、それはあくまで「自分にとっては」という話です。そいつが全人類にとってイヤなヤツなのかといえば、そうとも限らないはず。**自分がそいつをイヤだと感じるのは、多分に相性の問題もあります。**

自分だって、誰かにとっては「イヤなヤツ」かもしれません。いや、きっとそうです。どこをどう直したとしても、「いいヤツ」には昇格できないでしょう。

「イヤなヤツ」にムカムカさせられずに済む方法は、ただ1つ。それは縁を切ることです。冷静に考えたら、顔を見るたびに「コイツ、イヤなヤツだな」と思うような相手と、無理に付き合い続ける必要なんてカケラもありません。

その「イヤなヤツ」だって、こっちがイヤだと思ってるんですから、こっちに対してきっといい感情は持っていないはず。なぜか積極的に絡んでくるとしたら、それは意地悪をするターゲットにしたいだけです。

「そうは言うけど、会社内や仕事関係の付き合いだと縁を切るわけにも……」と思うかもしれません。その場合は、とりあえず心の中でスッパリと縁を切りましょう。「自分には関係ない人」の箱に入れたうえで、必要最小限のやりとりを無難にこなします。そうすれば、何を言ってきてもたいして腹は立ちません。

「イヤなヤツ」への怒りやイライラは、多くの場合、自分の中の「執着心」によって引き起こされています。そいつのイヤな部分を変えたい、失礼な発言をしたことを自覚させたい、もっと自分に敬意を持った対応を取らせたい……。

どれも無駄な努力だし、望んでもけっしてかなえられることのない虚しい願望です。**「イヤなヤツ」への執着はさっさと捨てて**しまうのがいちばん。人生には、好きな人や気の合う人や尊敬できる人と付き合う時間しかありません。

今日できることを明日に回してオッケー

行ったことがないのでたんなる推測ですが、ビジネス塾的なところでは、今日も押しが強そうな講師が「今日できることは明日に持ち越してはいけない！」と、机を叩きながらおっしゃっているのではないでしょうか。

たしかに、今日できることを今日じゅうに片づけておけば、明日はまた別の仕事に取り組むことができます。今日できることを明日に持ち越せば、まずは「昨日の仕事」を片づけてからでないと、別の仕事に取りかかれません。毎日それが積み重なったら、「今日やる派」と「明日にする派」の差は、どんどん開いていくはず。

……という理屈は、よくわかります。しかし、**明日やればいいことは例外なく明日**（以降）**に持ち越してきた側の人間**としては、たとえ今日できたとしても、明日でいいことを今日片づけるのは容易ではありません。はっきり言ってしまえば、生まれ変わらない限り不可能という自信があります。

にもかかわらず、うっかり「今日できることは今日じゅうにできる人になりたい」

と決意してしまったら、はたしてどうなるでしょうか。自分に対してかなりの無理をかけることになり、でも実行できなくて、ダメな自分を責め続けなければなりません。罪悪感やうしろめたさや後悔も、日々たっぷり感じることになるでしょう。

だったら、堂々と「自分は明日できることは明日やる！」と、自分に対して宣言してしまったほうがはるかに健全です。

人間は「自分ができること」しかできません。できないことを無理にやろうとして、**やっぱりできなくて自分を責めるのは、じつに不毛**です。私は生まれてから一度も鉄棒で逆上がりをしたことがありませんが、逆上がりができない自分を責める気はまったくありません。おかげで、今日も顔を上げて強く生きていられます。

よく考えてみたら、「今日やる派」と「明日にする派」とでは、仕事が片づくタイミングが違うだけで、長い目で見ると大きな差は生まれないのではないでしょうか。手《て》前《まえ》味噌《みそ》な理屈かもしれませんけど、とりあえずは信じてもらって「大きな差は生まれない」と自分に言い聞かせても、とくに支障ありません。

ちなみにこの項の原稿は、**3日前に書き上がる予定**でしたが、何度か「明日」に回した末にやっと書きました。威張って言うことではありませんね。失礼いたしました。

持ち家でなく賃貸でオッケー

「持ち家が得か、賃貸が得か」という議論は、昔から延々とくり返されています。出費の合計を比べても答えは出ません。持つ喜びや安心感、すぐに動ける気軽さやしばられない自由など、気持ちの問題も大きく関係してきます。

かつては「自分の家を持って一人前」という共通認識がありました。その名残りで、賃貸に住み続けていることに引け目を感じている人もいます。しかし、あたり前ですが、どちらが正解という問題ではありません。こしあんが好きか粒あんが好きかというのと同じように、たんなる好みの違いです。

今、賃貸で暮らしている人は、無理して自分の家を持とうなんて思う必要はありません。逆に「賃貸に住み続けるメリット」を無理に強調する必要もありません。

持ち家の人も、持ち家であることに過剰なプライドを抱くのは、いささかみっともない話。**どっちにもメリットとデメリットが**あります。そして、どういうライフスタイルだろうと、毎日を楽しく生きていくうえで、有利も不利もありません。

コース料理やワインはいちばん安いのでオッケー

たまに張り込んで、フレンチやイタリアンの店にコース料理を食べに行ったとします。ウエイターが料理のメニューとワインリストを持ってきました。

たとえば3種類のコースがある場合、そこでいちばん安いメニューを注文するのは、かなりの勇気がいります。同伴者やお店につい見栄を張って、真ん中のコースを頼んでしまうのではないでしょうか。ワインも同様に、いちばん安いものではなく、特に理由も根拠もないまま、2番目か3番目に安いものを選びがちです。

お寿司の「特上・上・並」や、松花堂弁当の「松・竹・梅」でも同じ。いちばん安いものは、なかなか選べません。しかし、懐にうなるほどの余裕があるわけではないなら、無理をせず堂々といちばん安いのを選びましょう。

コース料理の場合、品数は減るかもしれませんが、美味しさは同じです。ワインだって、わかるほどの味の違いはありません。いちばん安いものを注文できたとき、ひと皮むけたような、**大人の階段を1つ上ったような実感**を得られるでしょう。

「知らない」「わからない」と言ってオッケー

「ほら、江口のりこっていう女優さんがいるじゃない」

同僚とテレビドラマの話をしていたら、そんな流れになりました。

「あ、ああ、いるね」と答えたものの、じつはその女優さんのことは知りません。同僚の口ぶりからすると、誰もが知っている存在のようです。話が進んでいきますが、なんせ知らないので曖昧《あいまい》な反応をするのが精いっぱい……。

「このあいだ友だちと新大久保に行って、チーズタッカルビを食べたんですよ」

また別のときには、若い部下が休日の出来事を楽しそうに話してくれました。名前を聞くのも初めてです。とりあえず「ど、どうだった?」と尋ねてみましたが、なるべく早く話題を変えようと逃げ腰の姿勢になってしまいます……。

日常生活では、こうしたピンチがしばしば訪れます。緊迫した状況を招いてしまう原因は、ただ1つ。それは**最初に「知らない」と言えなかった**ことです。

人は反射的に見栄を張ってしまう生き物。しかも、知っていて当然のように言われると、なかなか「知らない」「わからない」とは言えません。言ってしまうと、嘲笑《ちょうしょう》を受けたり軽べつの視線を浴びたりしそうな気がします。

はたして、そうでしょうか。自分の場合も、話している相手がこの手の反応をしたら、心の中で「あっ、知らないんだな」と察するでしょう。ただ、ごまかそうとしているケナゲさに免じて、わざわざ「知らないんだね」と指摘したりはしません。

よくあるパターンですが、本人が無理にカッコつけようとすればするほど、むしろカッコ悪いことになりがち。素直に「知らないなあ。それ誰？」「え、わかんない。どういう食べ物？」と言えたら、相手は「あのドラマに××の役で出ていた」とか「鉄板の上にチーズと辛い鶏肉が載ってて」と説明してくれるはずです。

最初に白状してしまえば、「知らないことがバレたらどうしよう……」とおびえる必要はありません。心穏やかに会話を続けられるので話も弾むし、新しい知識も得られます。長い目で見ると「話しやすい人」という好印象にもつながるでしょう。

「聞くは一時の恥、聞かぬは一生の恥」ということわざが言っているのは、まさにこのこと。「一生の恥」には、知らずにいる恥だけでなく、**「見栄を張って知ったかぶりをするヤツ」のレッテルを貼られる恥辱**も含まれているのかもしれません。

断捨離はしなくてオッケー

こうして「断捨離」という文字を見ると、ほとんどの人は「ギクッ」としてしまうでしょう。たしかに家の中を見渡すと、二度と使わないであろうモノや二度と読まないであろう本や二度と着ないであろう服があふれています。

日本の住宅事情、特に都会の住宅事情においては、余分なスペースがふんだんにある家はほとんどありません。多くの家では、いらないもので無駄なスペースを使うことは、最大級の重罪とされています。

「断捨離」はもともとはヨガの思想で、「断行《だんぎょう》」（いらないものを断る）、「捨行《しゃぎょう》」（いらないものを捨てる）、「離行《りぎょう》」（執着から離れる）の３つが合わさったもの。作家のやましたひでこさんが２００９（平成21）年に出版した本『新・片づけ術　断捨離』によって広く知られるようになりました。

最初のころは「モノを減らす」が重視されていましたが、昨今は**人間関係のしがらみや社会的役割を減らすことも含めた文脈**で語られがち。大まかに言えば、この本も

「断捨離のススメ」です。同じところを目指しているはずなのに、「断捨離はしなくてオッケー」と言い出すとは、どういうことなのか。

無理をせずにいろいろ捨てることは大事ですが、「断捨離をしなくては！」と張り切ってしまうのは、ちょっと危険ということです。

勤勉で生真面目なタイプの人は、捨てることが目的になって、必要なモノやつながりまで捨ててしまいがち。やりすぎると人生が寂しくなってしまいます。また、捨てても捨てても「もっと捨てなければ」という焦燥感に駆られてしまうことも。

結局、いろいろ捨てたのはいいけど、また別の重荷を背負うという本末転倒な構図になってしまいます。本来は楽しくてスッキリできる行為のはずなのに。

怠惰でいいかげんなタイプの人（ほとんどの人）は、目に見えて成果がわかるほどの「断捨離」を実行することはできません。それはそれで、常に「もっと捨てなければ」というプレッシャーを抱えることになったり、**捨てられない自分に自己嫌悪を覚えたりする羽目に**なります。

まずは「断捨離しなければ」というプレッシャーを断ち切り、捨て去って離れましょう。いやまあ「断捨離」自体にはなんの罪もないんですけどね。

貯金がなくてもオッケー

「老後2000万円問題」が話題になったのは2019年でした。発端は金融庁の報告書。2017年の高齢者夫婦無職世帯の平均年収から平均支出を引くと、毎月5・5万円不足する計算になるとか。30年でだいたい2000万円足りなくなる計算になり、それだけの貯金が必要ですよという話でした。

たちまち、もうすぐ老後を迎えようとしている世代から「そんなに貯金できるわけないだろ！」「2000万円なかったら餓死するしかないのか」「死ぬまで働き続けろってこと……」といった悲痛な声が上がります。

やがて数字だけがひとり歩きして、「なんとしても2000万円を貯めなければ！」という強迫観念を多くの人に植え付けました。しかし、**焦ったところで急に貯金が増えるわけではなく、**不安や心配の残高ばかりが増えていきます。

貯金がなかったら、どうなってしまうのか。ありがたいことに今の日本は、助けを求めればなんとかなる仕組みはあります。先々、そうはいかなくなる可能性もありますが、そこまで世の中が激しく変化したら、貯金なんて頼りになりません。

実際には、何もしないまま突然どうにもならない状態を迎えるわけではなく、それまでに自分ができることはやっているはず。体を壊すなどして何もできない可能性もありますが、そうなったら貯金があってもなくてもあんまり関係なさそうです。

そもそもお金の問題は、平均値で「いくら足りない」「いくら必要」と言っても仕方ありません。老後に向けた貯金に限らず、どの世代も漠然と「もっともっと貯金しなければ」という強迫観念を抱いています。

食べたいものも食べず、行きたいところにも行かず、買いたいものも買わずに貯金するのは、本当に「正しい」ことなのでしょうか。**貯金のために無理を重ねると、大切な「今」を犠牲にすることに**なります。度を越した無駄遣いはさすがにアレですけど、1つ間違えると人生を無駄遣いすることにつながりかねません。

いったん開き直って「貯金なんてなくていい！」と心の中で叫んでみましょう。そのうえで、自分なりに先々も含めてお金とどう付き合っていくかを考えてみます。結果として「ちょっとは貯金したほうがいいかな」と思うかもしれません。「やっぱり貯金はいいや」と思ったとしても、それはそれできっとなんとかなります。

親孝行はできる範囲でやればオッケー

「親を大切にしたい」という気持ちは、多くの人が持っています。ただ、どういうやり方でどのぐらい大切にすればいいのか、それは誰にもわかりません。親自身がどんな親孝行を望むかも、状況によって変わってくるでしょう。

焼肉食べ放題だったら「もうこれでじゅうぶん」という限界やゴールを決められます。そのへんが曖昧なのが「親孝行」の難しいところ。**「まだ足りない」「もっとやれるはず」と思い始めたら、一種の無間《むげん》地獄に**陥ってしまいます。

漠然と「もっと親孝行しなきゃ」というプレッシャーを強く感じている人は、力を込めて「無理をする必要はない」と自分に言い聞かせましょう。そもそも、子どもに無理がかかる親孝行をされたって、親もきっと嬉しくありません。

自分にとっての「できる範囲」は、さまざまな要素が絡み合って決まります。いっしょに住んでいるか離れて住んでいるか、お互いの年齢や健康状態や経済状況、親の性格と自分の性格、配偶者の考え方や配偶者と親との関係、子ども（親にとっての孫）がいるかどうかやその子が何歳ぐらいか……。

親が昨今話題になっている「毒親」で、親孝行したいとはまったく思わないし、いっさい連絡を取りたくないケースもあるでしょう。そういう場合は、関係を遮断したまま何かの拍子に思い出すぐらいの状態が、自分にとっての「できる範囲」です。「親を憎むなんて親不孝だ」といった世間一般の無責任な常識に惑わされて、「できる範囲」を無理に広げる必要はありません。**苦しい思いをして親に対する憎しみが増したり、結局は衝突したりする**のがオチです。

親が元気で円満な関係を保てているなら、自分の顔や孫の顔をたくさん見せたり、たまには食事や旅行に連れだしたりなど、いっしょに過ごす楽しい時間を増やすのがいちばん。親は親で、こっちが知らない世界や付き合いがあります。

親に介護が必要になった場面でも、むしろそのときこそ「できる範囲」を強く意識したいところ。固定観念に引っ張られた罪悪感や幻想でしかない「世間様の非難」を気にして、「自分が面倒見なければ」と思い込んで無理のある決断をしてしまうと、親子ともどもつらい思いをすることになります。

人生がそうであるように、親孝行も「自分にできること」しかできません。

こもる快感

友だちは少なくてオッケー

幼い子どもに「友だち１００人できるかな」とうたわせて、一種の呪いをかける歌があります。クラスメイトや顔見知りならさておき、どう考えても友だちが１００人というのは多すぎ。そんなたくさんの人と付き合ってられません。

この歌のせいかどうかわかりませんが、大人になってからも「友だちは多いほうがいい」というプレッシャーを漠然と感じてしまいがち。おかげで、気の合わないヤツとギクシャクした時間を過ごしたり、気の進まない集まりに出てみたらやっぱり楽しくなかったりと、けっこうな苦痛を味わう羽目になります。

たくさんの友だちなんていりません。無理をして新しい友だちをつくるヒマがあったら、今の友だちを大切にしましょう。**やたら手を広げるより、少ない友だちと濃い時間を過ごしたほうが、**間違いなく楽しいしお互いに得るものも多いはず。

積極的に作ろうとしていなくても、いつの間にか新しい友だちが増えることもあります。それはそれで素晴らしい出会い。きっと長くいい関係を築けるでしょう。

行列のできる店に行かなくてオッケー

「どこそこにこういう面白い店ができて、いつも行列ができているらしい」

そんな噂を聞くと、反射的に「行ってみなければ」と思ってしまいます。しかし、胸に手を当てて考えてみましょう。本当にそんなに行きたいでしょうか。そして、仮に行ったとして「おお、楽しい！」「うわ、来てよかった」と喜べるでしょうか。がんばってイメージしようとしても、そんな自分の姿は浮かんできません。

以前からあって評判だけは聞いていたお店や、一度は行ったことがあるお店でも、どうせなら行列ができている店のほうが「行って損はないはず」と思ってしまいます。その期待と信頼は、何度も裏切られたことがあるはずなのに。

若いころからの惰性《だせい》に引きずられて、無理をして行列に並ぶのはやめましょう。若かったころはさておき、いいトシをして行列をありがたがるのは、自分の味覚への自信のなさや、**美味しいものを見分ける嗅覚《きゅうかく》のなさを示すこと**になりかねません。すんなり入れてそこそこ美味しい店こそが、じつはもっとも価値のある店です。

他人の幸せや成功は嫉妬してもオッケー

同期が自分より先に昇進した、昔からの知り合いが事業で成功して一気に羽振りがよくなった、友だちが20歳も若い女性と再婚した——。

「うまいことやりやがって」という嫉妬《しっと》の感情が湧き上がってくるのは、まあ自然なことと言えるでしょう。ただ、次の瞬間に「嫉妬するなんて恥ずかしい」と、自分の感情を抑えつけてしまいます。

それはそれで美しく気高い心がけですが、人間は無理をするとなんらかのひずみが出てしまう生き物。「嫉妬はいけない」「嫉妬しないようにしよう」と自分に言い聞かせているうちに、深刻な副反応を招き入れてしまいがちです。

相手のアラを探して優位に立った気になったり、過去の失敗や悪行をわざわざ思い出して「こういうヤツのくせに」と溜飲《りゅういん》を下げたり……などなど。**こじらせると、極めてみっともない症状が出てきてしまいます。**

だったら、素直に嫉妬したほうがよっぽどマシ。「ちくしょー、悔しいなあ」「いいなあ、うらやましいなあ」と思うぶんには、自分を奮い立たせる効果があります。ただ、ちょっと気を抜くと「失敗すればいいのに」「ひどい目に遭えばいいのに」と不幸な展開を願ってしまいかねません。

昔から「嫉妬はいけない」と言われるのは、きっと自分をイヤになってしまいやすいから。嫉妬をプラスに生かすことを意識しながらなら、**悔しさやうらやましさを自覚したってぜんぜんかまいません。**むしろ、どんどん嫉妬して、「自分もがんばらなきゃ」と、どんどん己を叱咤激励《しったげきれい》してしまいましょう。

ところで「嫉妬」は、「妬《ねた》み」「嫉《そね》み」という2つの漢字でできています。それぞれのニュアンスは、大まかに言うと次のとおり。

「妬み：うらやましくて憎らしい」
「嫉み：うらやましくて悔しい」

他人の幸せや成功を憎んでも、気持ちがすさむばかりでいいことは1つもありません。ただ、悔しい気持ちはプラスのエネルギーをもたらしてくれそうです。

嫉妬心が湧き上がってきたら、「これはネタミではなく、ソネミだ」と自分に言い聞かせるのがオススメ。ま、ソネミもけっしていい響きではありませんが。

自慢したいときはしてもオッケー

誰かと会話するときに、もっとも気持ちいい話題は「自慢」です。もし許されるなら、延々といつまでも自慢を語り続けたいところ。しかし、聞かされるほうとしてはたまったもんじゃありません。

人がスナックやキャバクラ、あるいはホストクラブにわざわざお金を払って行くのは、きっと「自慢話を聞いてくれるから」が大きな理由の1つ。今日も全国津々浦々の夜の街では、どこまで本当かわからない自慢話が無数に飛び交っていることでしょう。エステにも似た役割がありそうです。

良識ある大人はその危険性をじゅうぶんに認識しているので、日頃はウカツに自慢話を始めたりはしません。どうしてもガマンできなくなると、グチに見せかけて自慢したり、全力で謙遜《けんそん》しながら小出しにしたりなど、**ケナゲで涙ぐましい努力を重ねながら遠慮がちにくり出します。**

たしかに、際限のない自慢話は迷惑かもしれません。でも、そこまで必死にこらえる必要があるでしょうか。ポロッと自慢話が飛び出すのは、微笑ましいことでもあります。そもそも私たちは、人間関係に完璧や潔癖を求めてはいないはず。

「ま、ちょっとぐらいのことはお互いさまだから」

　そんな暗黙の了解をベースに、いろんなことを許したり許されたりしています。**自慢だって、けっしてナーバスになる必要はありません。**

　とはいえ、目の前の相手に「マウント」を取りたいがための自慢は恥ずかしいし、確実に自分の株を下げます。しかし、家やクルマを買ったとか、子どもや孫やペットがどうしたとか、ハマっている趣味の作品が賞をもらったとか、喜びや幸せが漏れ出してしまう自慢は、無理をしないで口にしましょう。

　聞いた側も「ケッ、自慢かよ」とウンザリした気持ちで受け止めるのは、もったいない話。喜びなり楽しさなり、幸せをおすそ分けしてもらったと思えば、「自慢話をしてくれてありがとう」と思えるかも。小手先のレトリックを駆使して「自慢じゃないように聞こえる自慢」をされたときには、けっしてそんな心境にはなりません。

　どうしてもしたくなったら、無理をせずに自慢してしまいましょう。ただ、言うまでもありませんが、何事にも限度はあります。

時事問題やニュースは語らなくてオッケー

私たちは毎日、山のようなニュースを浴びて暮らしています。いちいちついていこうと思ったら膨大なエネルギーが必要ですが、考えてみたら評論家でもテレビのコメンテーターでもないので、無理をしてついていく必要はありません。

にもかかわらず、日々のニュースをせっせと追っかけて、スキあらば時事問題を語りたがる人は少なからずいます。

「あの件について首相が弱腰なのは、こういう背景があるらしい」

「アメリカとロシアの関係がこうだから、中国がああいう態度に出ている」

誰も頼んでないのに「オレに言わせりゃ」の枕詞《まくらことば》で、どっかで聞いたような、**誰かの受け売りであることがミエミエの〝持論〟**を披露してくれます。

あたり前ですが、その人がどれだけ熱く語ったところで、日本の政治や世界情勢には1ミリも影響しません。そして、本人の期待とは裏腹に、聞いた側が「ほお、いいこと言うなあ」「さすがの視点だな」と感心する可能性は限りなくゼロに近いです。

脱力する快感

時事問題やニュースは、特に中高年男性にとっては甘い誘惑。うっかりその快感に溺れると、もう歯止めが利きません。ウンザリされていることに気がつかなくなり、周囲からどんどん人がいなくなってしまいます。

新聞やテレビを情報源にしているうちはまだマシ。ネットばかり見ているうちに、いわゆる「陰謀論」にどっぷりハマって、「ネットの中にしか真実はない」なんて言い出すケースもあとを絶ちません。じつに悲惨ではた迷惑な状況です。

時事問題やニュースに関心を持つのは、悪いことではありません。とても大事かといえばそうでもない気はしますが、ひととおりはチェックしておきたいところ。興味があるなら、深く調べてたくさんのことを知るのも楽しいでしょう。

知るのはいいとして、得意げに語ってしまったら、**たちまち「オレに言わせりゃオヤジ」の仲間入り**です。語る快感を覚えると、マニアックな知識を増やしたくなったり、ひねりの1つも加えたくなったりします。しょせん消耗品に過ぎない日々のニュースにそんな労力をかけるのは、人生の無駄遣いと言っても過言ではありません。

「そういうことは語らない人」になると決めたら、一気にラクになります。語らなくても特に失うものはないし、むしろ周囲に人が集まってくるでしょう。

相手のイヤなところは指摘してオッケー

グチや悪口が多い、約束してもドタキャンばかり、足が臭い……。友だちや同僚との付き合いの中で、相手に「イヤだな」という気持ちを抱くことは、しばしばあります。家族に対して抱くこともあるでしょう。

そんなとき私たちは、ガマンを重ねて、うわべの平和を守る道を選びがち。「言ったら傷つくかなあ」と気をつかってガマンすることもあれば、「言ってもしょうがない」とあきらめて黙っていることもあります。

関係が薄い相手や今後付き合うつもりはない相手なら、わざわざ波風を立てる必要はありません。しかし、**これからも付き合っていきたい、いい関係を続けたいと思うなら、**無理にガマンせずにイヤなところは指摘しましょう。

言わないままでいると、その相手に対する小さな「イヤ」が、自分の中でどんどんふくらんでいきます。やがて、顔を見たり話をしたりするたびに強いストレスを感じるなんて事態になりかねません。

押し出す快感

飲みの誘いをしても、毎回「行けたら行く」「近くなったら返事する」と言ってくる友だちがいるとします。こんな迷惑な返事はありません。ダメならダメで断ってくれれば、別のヤツに声をかけたり日を変えたりできるのに……。

そんなときは「そういうのは困るから、はっきり決めてくれ」と伝えましょう。「えっ、だって」と不満そうなら、なぜ困るかを説明してあげます。それでも納得しなかったり、「おまえは神経質すぎるよ」とこっちを責めたりしてくるようなら、付き合い方を考え直すしかありません。

酒の席でグチや悪口しか言わない相手にも、**「申し訳ないけど、そんな話ばっかり聞きたくない」と言ったほうがお互いのため。**言いづらいからと黙って聞いてばかりいたら、相手はこっちもグチや悪口が好きなのかと勘違いしそうです。

もちろん、いきなりケンカ腰で言う必要はありません。ダメ出しされるのは相手にとって不愉快なことではあるので、言い方にはじゅうぶんな配慮が必要です。

忘れてはならないのは、「イヤなところ、ダメなところがあるのはお互いさま」という大前提。「一段高いステージにいる自分が正しい道に導いてあげなければ」という気持ちで言われたとしたら、相手にとってそんなイヤなことはありません。

ダメ出しは聞き流してオッケー

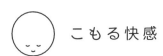

　世の中には、他人のアラ探しが好きな人がいます。そういうタイプは、なにかというと「そういうところがダメなんだよ」とダメ出しをしてくるのがうっとうしいところ。もちろん親切心ではなく、自分がいい気持ちになりたくて言っています。

　もともとの性格だったり満たされない毎日を送っていたりなど、当人にはダメ出しをしないではいられない事情があるのでしょう。たいていは相手の事情で言っているだけですから、まともに受け止める必要はありません。

　きちんと受け止めようとすると、腹が立って「コイツは、なぜそんなことで細かくダメ出しができるのか」と相手にダメ出しがしたくなり、**ダメ出しの負の連鎖に巻き込まれてしまいます。**それは不毛かつ疲れる状況。

　うっとうしいダメ出しは、無理せず適当に聞き流しましょう。そんなスタンスでも、自分にとって本当に必要なダメ出しはちゃんと胸に響いてくれます。あらためられるかどうかは、また別の問題ですけど。

加齢による衰えがあってオッケー

こればっかりは仕方ありません。目は老眼になり体力はなくなり、鏡を見ればしょぼくれた顔のおじさんが映っています。健康診断を受ければあちこちに問題が見つかるし、下半身方面の意欲や機能もずいぶん控え目になりました。

ところが、人間は悲しい生き物。「自分はまだまだ若い」と思い込もうとしたり、若いころと同じペースでがんばろうとしたり、内外の衰えを指摘されるとムキになって反論したりなど、無理して加齢に抗《あらが》おうとします。

加齢から目を逸らしても、加齢という運命からは逃れられません。それどころかさまざまな場面で、都合よく描いた「まだまだ若い自分像」と現実とのギャップを突き付けられ、落ち込んだり自分を否定したくなったりしてしまいます。

そんな虚しい苦しみから逃れる方法は、ただ1つ。ありのままの自分を受け入れることです。**若さを失うことは価値が減ることではありません。**自分の新しいスタンダード、新しい世界と出会うことです。いざ、**華麗な加齢**を目指しましょう。

SNSと縁を切ってオッケー

誰しも、たくさんの「腐《くさ》れ縁」を抱えています。なかなか別れられない恋人や配偶者、迷惑をかけられてばかりの友だち、別に美味しくも安くもないのに通ってしまう知り合いの飲み屋……。

今、もっとも多くの人が抱えている「腐れ縁」の相手は、いろんな種類のSNSではないでしょうか。人間との腐れ縁と同じで、こんな面倒な相手とはさっさと別れたいと思っているのに、ダラダラと付き合い続けてしまいます。

フェイスブックの知り合いの投稿に、どうでもいいいねと思いながら次々に「いいね！」を押すルーティンをやめられない。腹が立つだけなのはわかっているのに、ついツイッターを覗いてしまう。もはや惰性で付き合っているだけなのは自覚していても、アプリを削除する決心はなかなかつきません。

SNSに三下り半を突き付ける決断を阻んでいるものは何か。人間同士の関係なら「冷たいと思われたくない」とか「仲間内の評判が落ちるから」とか「心では嫌っていても……」とか、いろんな理由があるでしょう。しかしSNSは、無理をしてまで付き合い続ける必要は特になさそうです。

しいて言えば「習慣を変えるのが面倒だから」ぐらいでしょうか。目先の面倒が壁となって、毎日そこそこの面倒を背負い続けているわけです。それが人間の愚かさと言ってしまえばそれまでですが、もしSNSがストレスになっているなら、毎日続く膨大な無理を放棄するために、目先の小さな無理に挑みましょう。

首尾よく縁を切れたら、きっと生まれ変わったようにすがすがしくてラクな日々が訪れるはず。「世の中から取り残されるのではないか」「友だちとのつながりが切れてしまうのではないか」なんて心配する必要はありません。**SNSの外側の世の中のほうがはるかに広くて濃密**だし、SNSがなければつながりが持てない友だちは、自分にとってつながる必要がない友だちです。

もちろん、やってて楽しかったり、それなりに役に立つと感じていたりするなら、がんばって縁を切る必要はありません。人間にせよなんにせよ、いいところもあれば悪いところもあります。腐れ縁も縁のうちということで、適当に力を抜いてなるべくストレスのない付き合い方を模索しましょう。いつでも別れてやると思いつつ。

昔話はしてもオッケー

「昔話をすると嫌われる」というのは、**いつの間にかあたり前の注意事項に**なりました。私たちは日頃の会話の中で、「昔話」に分類されそうな話題を口にしようとした瞬間、無理に自分を抑えて話を変えてしまいます。

そもそも「昔話」とは、どういう話のことか。まず思い浮かぶのが、

「昔はこのへんは田んぼばっかりだったけど、今は家だらけになっちゃったな」

「昔は五〇田には人妻風俗しかなかったけど、今はおしゃれな街になったよね」

そんなふうに「失われた昔」と「すっかり変わった今」を比べて、感慨にひたるパターン。あるいは、

「昔さあ、隣のクラスのミキちゃんに告白したんだけど、秒でフラれちゃった」

「昔は社内運動会があって、部署同士でけっこう本気で競ったんだよね」

などと懐かしい思い出や共通体験を語り合うパターンもあります。もう1つ、

「昔はこの業界は気骨があるヤツが多かったけど、今はダメだな」

押し出す快感

といった調子で「昔」を持ち上げつつ「今」を批判するパターンも。これは往々にして、自分に都合がいい方向で過去が美化されています。

昔話は、はたしてそんなに迷惑な話題でしょうか。同年代や長い付き合いの相手と話す場合、昔話を封印してしまったら、ほとんど話すことはなくなります。同じ時代の記憶や同じ体験の思い出を語り合ったり、ちょっと過去を美化しながら自分を肯定したりするのは、若くない私たちにとって至福の時間にほかなりません。

若者を相手に話す場合、向こうからすれば3つ目のパターンはうっとうしいでしょう。2つ目は興味なさそうな顔をされるだけなので、そもそも話す気はしません。ただ1つ目の「昔話」は、興味を持ってもらえることもありそうです。相手が興味を持たなかったとしても、しょせん世間話の一部なので気にする必要はありません。

「昔話」というだけで警戒心を抱いて、「話してはいけない」と無理にガマンするのは、**会話の楽しみや人生の醍醐味《だいごみ》を封じてしまうもったいない行為**です。代わりに悪口やグチに精を出しているとしたら、そのほうがよっぽど残念ではないでしょうか。

遠慮なく、必要に応じて「昔話」に花を咲かせましょう。「昔の話しかしない」のはさすがに問題ですけど。

「いつも同じ服着てる」と思われてオッケー

思い返すと、若いころは何事においても自意識過剰でした。年齢を重ねるにつれて「誰も他人のことをそんなに気にしてない」とわかってきますが、たとえば服装に関しても「またその服着てるの」なんて言われたらどうしようと、激しくおびえていたものです。

どうしようも何も、そう言われたって**「まあ、いいじゃない」と流せば問題ありません。**そもそも、中学生や高校生ならさておき、いい大人になったら誰もそんなことは言わないでしょう。「じゃれ合い」的なニュアンスで言ったり言われたりするケースもありますが、だとしたら「似合うでしょ」と笑い飛ばせば済む話です。

しかし私たちは、いくつになっても漠然とした恐怖心から逃れられません。出かけるたびに「いつも同じ服だと思われないように、違う服にしなきゃ」という義務感にしばられてしまいます。友だちや親戚の集まりのときには「前のときはどの服を着てたっけ」と、わざわざ前回の写真を探したりなんかして。

なぜ、私たちは「同じ服」であることを気にしてしまうのか。「服を買うお金もないのかな」と思われたくないからでしょうか。ボロボロで汚れた服を着ているならともかく、それなりにちゃんと洗ってあれば誰もそんなことは思いません。

いつもおなじみの黒い服を着ていたスティーブ・ジョブズの例を持ち出すまでもなく（彼は同じ服を何着も持っていたそうです）、「いつも同じ服」のほうが自分を強く印象づけることができます。

無理して変化を付けたところで、誰も「お、変化を付けたな」なんて感心したりはしません。まして大幅に路線を変えたら「どうしたの？」と心配されてしまうでしょう。「ホメたほうがいいのかな」と気をつかわせてしまうことにもなります。

自分だって、他人の服なんて気にしていないはず。「この服、見たことあるかも」と思ったとしても、マイナスの印象を受けるどころか、なおさら親しみが湧いたり安心できたりします。「ホメなきゃ」といったプレッシャーもありません。

「いつも同じ服」と思われることは、むしろ望むところ。それは相手のためでもあるし、自分も「着る服に悩む」という不毛な手間がなくなります。毎日同じ服である必要はありませんが、「いつも同じ服」であることを気にするのはやめましょう。

はじける快感

とにかくすぐに謝ってオッケー

世の中には「謝ったら負け」と思っている人が少なくありません。仕事であきらかに自分のミスなのに強引な言い訳を重ねるなど、「どうにか謝らずに済む方法」を無理して探している様子を見ると、むしろちょっと気の毒になります。

スーパーの売場でカゴがぶつかったといった「ささいなトラブル」の場面でも、「謝ることをケチる人」に遭遇しがち。「今のは自分が謝るべきかどうか」を正確に判断しようとしているのか、黙ってこっちの出方をうかがってきます。迷っているぐらいなら、さっさと**「あっ、すみません」と言ったほうがよっぽどラクなのに。**

「ごめんなさい」「すみません」という言葉は、出し惜しみせず、どんどん口に出しましょう。それは人間関係や世渡りにおいて、けっして「損」なことではありません。それどころか、もっとも簡単に「得」を集められる方法です。

「謝ったら自分の値打ちが下がる」と思っているとしたら、それは大間違い。すんなり謝れる人と謝れない人、どっちが「立派」に見えるかは言うまでもありません。

こまめに掃除しなくてオッケー

「掃除しなくても死にはしない」

昔から言い伝えられている金言です。掃除は「どこまでやれば完了か」が、よくわかりません。「あたり前の基準」もよくわかりません。掃除機は毎日かけるのか、シンクは毎日磨くべきか、ゴミ箱の中身は毎日まとめたほうがいいのか……。

掃除をする理由の大半は、「しないといけない気がするから」です。どのぐらいサボると罪悪感を覚えるかは人それぞれですが、一度、その罪悪感の中身をあらためて考えてみましょう。おそらく、漠然と「やらなきゃいけない」と思っていることの大半は、特に無理してやらなくてもいいことかと存じます。

まったく掃除をしなくてもいいとは言えませんが、こまめに掃除する必要は、それが趣味になっているケース以外は必要ありません。一種の呪いにかかって「やらなきゃ」と思っている分は、袋にまとめて捨ててしまいましょう。それができれば、不用品を捨てた部屋を見たときのように、晴れ晴れとした気持ちになれるはずです。

学歴を引きずらなくてオッケー

どこの大学を出たとか大学に行ってないとか高校に行ってないとか、いろんな意味での「学歴」は、たしかに一生つきまといます。もしかしたら遠い昔、就職で有利に働いたり不利に働いたりしたことがあるかもしれません。

だとしても、もはや「昔の話」です。今の自分には関係ありません。もし関係あるとしたら、「高めの学歴」にプライドを抱くにせよ、「高くない学歴」にコンプレックスを抱くにせよ、どこかで無理をしていると思ったほうがいいでしょう。

そう、学歴を引きずっている状況には、大きく分けて2種類あります。

1つは「高めの学歴」を引きずって、他人を見下す材料にするパターン。もう1つは「高くない学歴」を引きずって、高めの人のアラ探しをしたがるパターン。どちらも、**みっともなくて不毛という点では五十歩百歩**です。

今の自分が、まあまあ満足な日々を送っているとしても、「こんなはずじゃなかった」と不満な日々を送っているとしても、それは学歴のおかげでも学歴のせいでもありません。99％以上は自分がやってきたことに理由と原因があります。

しかも、仮に同じような境遇だとしても、満足している人もいれば不満を持っている人もいるでしょう。今の境遇をどう思うかについては、120％以上本人の問題であり、なおさら学歴は関係ありません。

たしかに、自分が不満な境遇にあるのは「学歴が高くないせいだ」と言いたがる人は、少なからずいます。あるいは「高い学歴なのに……」という方向で、今の境遇に不満を持つ人もいるでしょう。どちらも一見、不満というマイナスの感情が「学歴」によって増幅されているように見えます。

しかし、じつは「学歴」自体にはなんの罪もありません。**不満をわざわざ増幅しているのは「学歴を引きずっている今の自分の了見」**です。たとえば女性の場合においても、巨乳が悩みだとか巨乳が憎いといったマイナスの感情を抱いたとしても、それはけっして巨乳そのものに罪があるわけではないのと同じように。

引きずりさえしなければ、学歴はあなたになんの害も及ぼしません。その代わり、特にメリットももたらしません。「今の自分」を作っているのは自分自身です。学歴というやっかいなしがらみを断ち切って、あたり前のことを再確認しましょう。

近所付き合いはうわべだけでオッケー

ご近所さんとは、仲良くしなければなりません。それは道徳的な意味ではなく、ギスギスした関係になってしまったら、日々穏やかに暮らせなくなるから。顔を合わせたらニッコリ挨拶《あいさつ》するなどして、全力で「良き隣人」を演じましょう。

ただし、ここで言う「仲良く」は、友だち同士や同僚との「仲良く」とは意味も形も違います。よくテレビドラマなどでは、ご近所同士で集まって庭でバーベキューをしているシーンがあったりしますが、あれを目指す必要はありません。いや、けっして目指してはいけません。

そんなに近い関係になったら、**お互いに家庭の事情や生活っぷりが気になったり、ライバル意識が芽生えたり**しがち。ちょっとした行き違いでケンカなんてしてしまったら、極めて面倒臭いことになります。

隣近所ではありませんでしたが、１９８０年代に大人気だったテレビドラマ「金曜日の妻たちへ」でも、近くに住む主人公たちはしょっちゅう集まって飲み食いしていました。一見楽しそうでしたが、そんなこととして不用意に距離を詰めたから、愛欲がドロドロうごめくややこしい展開になったと言えるでしょう。

また、映画「ＡＬＷＡＹＳ三丁目の夕日」や落語の世界では、かつて日本に存在していた「近所で味噌や醤油を貸し借りする」という関係性が、相当に美化されて描かれています。あれができたのは、どこの家も、世の中全体も貧しかったから。いい面よりも距離が近いがゆえの苦労やうっとうしさのほうが、はるかに多かったでしょう。

いろんな種類の幻想に惑わされて、無理をするのは禁物。昔からその土地に住んでいる場合も都会のマンション暮らしの場合も、可能な限り「うわべだけの付き合い」を目指しましょう。

立ち入ったことを聞かず、踏み込んだことを聞かれたら適当にお茶を濁す。それでいて挨拶をするときは、親近感を込めた笑顔を向けて敵意のなさを示す。それが、ご近所さんとの理想的な関係にほかなりません。距離を取っていても、向こうの家の情報はいつの間にか入ってくるし、こっちの情報も伝わってしまいます。

そんな付き合いでも、災害が起きたときには、じゅうぶんに助け合えるはず。そのためにも「うわべ」の部分では、無難に確実につながっておくことが大切です。

イヤになったら途中でやめてオッケー

「やり始めたことは最後までやるべし」
「中途半端で投げ出すのは恥ずかしいことだ」
私たちは、そう思い込んで生きてきました。仕事にせよ趣味にせよ、「内心はイヤでイヤで仕方ないけど途中でやめるわけにもいかないから、無理をして最後まで続けた」という経験は、誰しもあるに違いありません。

毎週雑誌をせっせと買い続けて船やクルマやお城を完成させる『週刊○○』の類は、途中でやめることの罪悪感に支えられている部分がけっこう大きいかも。途中でやめても誰も困らないだけに、ゴールにたどり着く喜びもまたひとしおなのでしょう。超お得な創刊号しか買ったことがないので、そのへんは推測ですが。

罪悪感を覚えずに済むことや達成感が得られること以外に、**途中でやめずに続けるメリットには、どういうことがあるでしょうか。**仕事だったらそれなりの成果につながるだろうし、たとえばスポーツ系の趣味なら着実に上達するでしょう。

同時にデメリットもたくさんあります。なんと言っても大きいのは、後悔や自己嫌悪といったストレスを背負わされること。仕事の場合は信用をなくしたり評価が下がったり、趣味の場合は家族にバカにされたりもしそうです。

家族にバカにされるぐらいはどうってことないとして、問題は仕事の場合。とにかく投げ出せばいいと言い切れるほど、私は無責任な扇動家ではありません。まずは、「イヤだイヤだ」と毎日頭を抱えながら、やりたくないことを気力を振り絞ってやるつらさと、途中でやめることで失うものを天秤《てんびん》にかけましょう。

そういう場合は「失うもの」を過大評価してしまいがち。**漠然とした恐怖心や不安に惑わされず、なるべく具体的に**考えてみてください。

「そのぐらいなら、まあいいか」と思えることも多いでしょう。最悪、会社をクビになったとしても、元気なら何度でもやり直しはききます。しかし、イヤなことを無理に続けてストレスに押しつぶされたら、クビ以上に困った展開になりかねません。

「もうイヤだ」「もう無理だ」と思ったら、途中でやめる勇気を持ちましょう。自分を守るために、時には仕事でもその「切り札」を使ってかまいません。ましてプライベートな場面での実害のない途中放棄は、どんどんやって大丈夫です。

物忘れはしてオッケー

「忘却とは忘れ去ることなり」という有名な言葉があります。昔から「えっ、あたり前じゃないの!?」と不思議でしたが、調べてみたら続きがありました。

このフレーズは、1950年代に大人気だったNHKラジオドラマ「君の名は」の冒頭で流れたもの。このあとに「忘れ得ずして忘却を誓ふ心の悲しさよ」と続きます。忘れたいけど忘れられない悲しさを表現した言葉だったんですね。

「物忘れとは忘れ去ることなり。忘れたくなくとも物忘れが増える脳の悲しさよ」

年齢を重ねると、そう嘆きたくなる場面が増えます。しかし、私たちは「物覚えがいい人（≒頭のいい人）と思われたい」という煩悩をなかなか捨てられません。

無理に物覚えがいいフリをしようとすると、すぐに「えっと、なんだっけ」「あっ、違ってた」と言って体裁を取り繕うことになります。それはけっこう見苦しい姿。**先手を打って「近ごろ物忘れがひどくて」と宣言**しましょう。そうすれば「忘れっぽい人と思われたらイヤだな」という心配も、たちまち忘れられます。

常に化粧していなくてオッケー

昔から反応に困る言葉の1つに、女性の「ごめんなさい。お化粧してなくて」があります。いや、謝ってもらうようなことではありません。たぶん、その人にとっては、化粧した自分が「本当の自分」という認識なのでしょう。

そういう前提で毎日を過ごすのは、けっしてラクではありません。たとえ化粧をしていても、「まだじゅうぶんじゃない」「もっと完璧な私がどこかにいるはず」という物足りなさがつきまといます。化粧の効果が表れているかどうかはさておき。

あたり前ですが、化粧をしていないスッピンの状態こそが「本当の自分」です。化粧をした状態は、**ある意味「ちょっと無理している自分」**にほかなりません。「ちょっと無理している自分」を基準にしてしまうと、会話にせよ立ち居振る舞いにせよ、常に背伸びして「ちょっと飾った自分」を見せなければならなくなります。

女性に限らず男性も、背伸びする必要がない場面では、堂々と「スッピンの自分」でいる勇気を持ちましょう。そのほうが、自分もラクだし周囲もラクです。

出世はしなくてオッケー

「同級生のあいつ、社長になったらしいよ」

「昔同じ会社にいたあいつ、転職先で役員やってるらしいよ」

同年代が集まると、誰それが出世したという話題になりがちです。

そんなときに「へえー、すごい」と思ったとしても、反射的にそう口に出したとしても、**じつはそれほど「うらやましい」とは思っていないのではない**でしょうか。

長く社会人をやっていると、けっして負け惜しみではなく、出世した人に引け目や妬みをそれほど覚えなくなります。もちろん、その地位につくまでの本人の努力や能力には敬意を表するし、「よかったな」と祝福する気持ちもあります。

中には「いや、オレは知人や友だちが出世したら、悔しくて仕方ない。うらやましくて身もだえせずにはいられない」という方もいるでしょう。ダメ出しをするつもりはありませんが、この項は主にそういう方に向けて書いています。

出世すると具体的にどんないいことがあるのか。一般的には収入が増えるだろうし、たぶんそれ以上に大切なのは「オレは勝った」と自尊心が満たされることです。長年の努力が認められたという満足感も得られるでしょう。

一方で、ごく一部の「誰がどう見ても出世する、格段に仕事がデキるタイプ」以外は、出世するためにかなりの無理をすることになります。人より多い仕事を抱えてハードな毎日を送り、社内の人間関係に神経をすり減らして、**家族や私生活や友だち付き合いなどたくさんの大事なものをあと回しに**しなければなりません。

出世で得られるものと失うものをあらためて天秤にかけて、それでもやっぱり出世を目指したほうがいいと言い切れるでしょうか。出世したほうが、あの世に旅立つ直前に「自分は悔いのない人生を送った」と満足できるでしょうか。

「とにかく出世を目指すべし」という刷り込みにしばられ続ける必要はありません。仕事は手を抜かずにきっちりやるのが大前提として、自分なりに無理のない毎日を送った結果、あんまり出世しなかったとしても特に支障はないはずです。

出世の呪縛から解き放たれることができれば、段違いに心穏やかな日々を過ごせるのは確実。出世に命を懸けている側に対して、むしろ「勝った」ような気になってもかまいません。ま、それは口に出さないほうがよさそうですけど。

モテたいと思わなくてオッケー

「モテたい」という気持ちは、極めて不可思議です。私たちはこれまでの人生で、モテるために（モテる期待値を少しでも高めるために）、どれだけ知恵を絞って、どれだけ膨大なエネルギーを使ってきたことか。どれだけの空回りをして、どれだけ自己嫌悪にさいなまれたことか。

男性だけでなく、きっと女性も似たり寄ったりですよね。「おいおい、個人差があるだろ」なんて、どうでもいいツッコミはいりません。そんなのはあたり前です。個人差は当然ある中で、身に覚えがある方に「そうそう、そうだよね」と共感してもらおうとしています。

はっ、申し訳ありません。**いろんな恥ずかしい記憶が走馬灯のように頭の中を駆け巡って、**つい言葉がきつくなってしまいました。こんな調子だから、人一倍「モテたい！」と思いつつも成果を挙げられなかったのでしょうか……。

唐突な反省はさておき、私たちはなぜ「モテたい」と思うのか。具体的にはどういう自分になることをイメージしているのか。次々と付き合う異性を乗り換えたいわけでも、街でナンパしたらことごとく成功する人になりたいわけでもありません。

ゴールへの道のりもゴールしたらどうなるのかもわからないまま、漠然と「モテを求めずしてなんの人生ぞ」と信じ込まされています。そして、お金や時間や情熱を浪費してきました。しかしほとんどの人は、たいした結果は得られていません。

そろそろ気づこうではありませんか。無理してモテようとすればするほど、私たちは苦労や不幸を招き入れています。「人として成長したい」という気持ちは、それが実現するかどうかはさておき、まだ意味があります。しかし「モテたい」は、**特に中高年男性の「モテたい」は、モテを遠ざける効果しかありません。**

さあ、いますぐ「モテたい」と決別しましょう。そうすれば、たちまち気持ちがラクになり、言葉の端々や所作に余裕のようなものが出てくるはず。もしかしたら今までは、異性にギラギラガツガツした印象を与えていたかもしれません。それが消えて、年相応の「感じのいいおじさん」になれるでしょう。

そして結果的にモテがついてくれば言うことは……**ああ、元の木阿弥《もくあみ》**とはこのこと。モテの呪縛から逃れるのは容易ではないようです。恐ろしきかな、モテ。

若者に説教をしてオッケー

「けっして若者に説教をしてはいけない」

いつの間にか、それが中高年の心得とされるようになりました。「説教をしたら蛇蝎《だかつ》のごとく嫌われる」「説教をする中高年は最低のヤツとして人間性を丸ごと否定される」といった雰囲気すらあります。

それなりに経験豊富な中高年としては、**若者を見ると至らない部分やハラハラする部分が目につきます。**「それは違うだろ」「おいおい、いい加減にしろよ」と思うこともしばしば。しかし、嫌われたくないし人間性を否定されたくもありません。

かくして中高年は、若者にもどかしさを感じても、至らない部分や失敗の原因がどんなにクッキリ見えていても、「いや、説教してはいけない」と無理に自分に言い聞かせて口をつぐんでしまいます。

はたして、説教はそんなに罪深い行為なのでしょうか。私たちが無理にガマンして何も言わないことは、本当に若者のためになっているのでしょうか。

押し出す快感

たしかに、迷惑なだけの説教は世の中にたくさんあります。わかり切っていることをくり返しクドクドと言い続けたり、時代遅れすぎる価値観を押し付けてきたり、あきらかに自分が威張りたいだけだったり……。

しかし、甘めに見積もっても説教の9割は、それらに該当しません。若者が自分を成長させたり知見を広げたりできる有益な内容が、少しは含まれています。若者の顔色をうかがって、嫌われることを恐れて、「オレは説教なんてしないよ」と物わかりが良さそうな顔をするのは、怠慢で無責任な態度なのではないでしょうか。

言ってあげたほうがいいと思ったら、躊躇せずに説教しましょう。相手の若者が、自分の半端なプライドを守るために「うっとうしいなあ」「この老害が」と反発するだけで聞く耳を持とうとしないようなら、そんなヤツとはそれっきり縁が切れてもどうってことありません。むしろ切れてくれて好都合です。

その場は気まずい雰囲気になったとしても、こちらが言ったことはいつか必ず伝わるはず。そのときはきっと感謝してくれるはず。万が一「迷惑なだけの説教」だったとしても、それはそれで**相手にとっては「貴重な人生経験」になる**でしょう。そういう一面も含めて、あの手この手で若者を鍛えるのが年長者の務めです。

人前で泣いてオッケー

男性は「男のくせに泣くもんじゃない」と言われそうだし、女性は女性で「泣けば許されると思って」といった言葉が飛んでくる気がします。私たちは「人前で泣くのは恥ずかしい」と思い込んでいるのではないでしょうか。

テレビのドラマやドキュメンタリーで感動的な場面があったら、同居人の目を気にして無理にこらえないで、素直に泣きましょう。映画館で泣ける映画を観たときも、感情のおもむくまま存分に泣きまくりましょう。それが作品に対する礼儀です。

家族や友人がテレビや映画で泣いている姿を見て、軽べつしたりガッカリしたりはしないはず。**むしろ好感を抱くし、ホンネを見せてくれて嬉しい気持ちに**なります。

悔しいことや悲しいことがあったときに涙を見せるのも同じ。誰も「泣いてんのかよ。恥ずかしいヤツだな」とは思いません。自分自身も泣くことで悔しさや悲しさをきっちり受け止めて、乗り越えるための一歩を踏み出すことができます。

ズルい魂胆や姑息な言い訳を含んだ涙以外は、どんどん流しましょう。

LINEはすぐに返信しなくてオッケー

「LINEにすぐ返信すること」が人生の最優先事項になっている人は、けっして少なくありません。話している途中でも「ちょっと待って」と返事を打ち始めたり、スマホを持ったまま電車のドア付近に立って駅についても動こうとしなかったり……。

じつに残念なライフスタイルだし、周囲としては時に不愉快です。本人だってある程度はわかっていても、すぐに返信するのがクセになってしまうと、たとえ数分でも激しく気になって放置できません。

勇気を振り絞って、無理のある負のサイクルを断ち切りましょう。返信が速いことは相手にとってありがたかったり嬉しかったりするかもしれませんが、どんな内容でも常に即レスだと「この人、大丈夫かな?」と不安を覚えさせてしまいます。

すぐ返信する必要のないLINEは、まず30分、次は1時間とあいだを置いて返してみましょう。**「すぐには返信して来ない人」と思われれば、もうこっちのもの。**やっかいな呪縛から逃れて、より便利にLINEを活用できるようになります。

同僚や友人と比べなくてオッケー

「オレはせいぜい部長止まりだけど、あいつは要領がいいから取締役になりそうだ」

「あいつは一流企業に定年までいたから、年金がたっぷりで老後も安泰だ」

「あいつんちは夫婦仲も良さそうだし、かわいい孫が３人もいて楽しそうだ」

私たちはついつい、同僚や友人と自分を比べてしまいます。どんな家に住んでいるか、どんなクルマに乗っているか、髪の毛の量は……など、ネタには事欠きません。

比べることで相手に引け目やコンプレックスを覚えるだけでなく、逆のパターンもあります。

「オレは部長までは行けそうだけど、あいつは要領が悪いから課長止まりだろうな」

「オレはサラリーマンだから年金があるけど、自営業のあいつはどうするんだろう」

「ウチは長年連れ添った妻がいて孫もできたけど、独身のヤツは寂しいだろうな」

そんなふうに、比べることで優越感や安心感を覚えているケースも少なくありません。もしかしたら、こっちのほうが多いでしょうか。

いずれにせよ、極めて不毛な行為です。「うらやましい」と思っても、それで発奮するわけではないし、そもそもたいていのことは発奮したところでどうしようもありません。どんよりした気持ちになるだけです。

逆のパターンも、心の底からスッキリしたり満足したりすることはないはず。いい気持ちになるどころか、自己嫌悪にさいなまれるのがオチです。

どっちの方向だとしても、同僚や友人と自分とを比べたくなるのは、現状に不満や不安があるから。そんなモヤモヤを打ち消そうとして、比べても仕方ないとわかっているのに、つい甘い誘惑に乗ってしまいます。

「もっとがんばろう」と無理に自分を鼓舞したり、「自分はこれでいいんだ」と無理に自分を肯定したりすると、なおさら比べることに熱が入りがち。しかも、ビル・ゲイツと自分の財力を比較するみたいな壮大な話ではなく、**しょせん「目くそ鼻くそ」の範囲内でジタバタしている**ところに、もの哀しさが漂います。

もう比べるのはやめましょう。比べたくなったら「疲れてるのかな」と自分をいたわったほうが有益かつ効果的。比べないと決めた途端、同僚とも友人とも、今までとはぜんぜん違う〝気楽な付き合い〟ができるようになるはずです。

無駄遣いはしてもオッケー

子どものころ、親や祖父母から「無駄遣《づか》いしちゃいけません！」と叱られたことがない人は、まずいないでしょう。そんな教えが染みついているのか、大人になってからも、店頭やネットで魅力的な商品や食べ物やサービスを目にするたびに、「欲しいけど、無駄遣いしちゃいけない」と思ってしまいます。

ただ、いったん自制しても、結局はこらえきれずに買ってしまうことも少なくありません。そんなときは「あーあ、また無駄遣いしちゃった」と自分を責めてしまいます。結果的には、ぜんぜん教えが染みついていないってことですね。

ご承知のとおり、**無駄遣いほど楽しくてワクワクできることはありません。**割高だとわかっていて、しかもなんの変哲もないのに、海の家の焼きそばやお祭りの屋台のタコ焼きの美味しいこと美味しいこと。実際に使うかどうかわからない焚《た》き火用の台がネット通販で届いて、それを開封する瞬間の楽しいこと楽しいこと。

お金という道具を手にして以来、人間はいつの時代も世界のどこでも、無駄遣いを

はじける快感

してきたことでしょう。人間に無駄遣いをやめさせることは、おそらく神や仏にも不可能です。親に叱られたぐらいでやめるわけがありません。

そもそも、どういうお金の使い方が「無駄遣い」なのか。仕事で疲れたときに自販機でコーヒーを買ったとします。お腹がふくれるわけではありませんが、それを「無駄遣い」と言ってしまうのは寂しい話。「家で水筒にコーヒーを入れてくれば安上がりだ」と言う人もいそうですが、多くの場合その手の節約は時間と労力の無駄遣いです。その人は、別の無駄遣いの楽しさを選んでいるに過ぎません。

とにかく出費を抑えるのが「正解」なら、結婚式も七五三の晴れ着も恋人への誕生日プレゼントも仏壇も旅行もお節料理も、全部「無駄遣い」です。食べるものや着るものだって、ほぼすべて「無駄遣い」になってしまうでしょう。

「無駄遣いをしない人生」なんて送りたくはありません。無駄遣いこそが、私たちに喜びや楽しさをもたらしてくれます。人生を彩ってくれます。**私たちは、無駄遣いをするために生まれてきた**と言っても過言ではありません。

胸を張って無駄遣いにはげみましょう。あとになって「ああ、遣いすぎちゃった」と悔やむことも多々ありますが、それもまた無駄遣いで味わえる愉悦です。

「いい人」と思われなくてオッケー

私たちは「いい人」と思われるために、さまざまな犠牲を払い、それなりにエネルギーを費やしています。実際に「いい人」と言われるタイプの人は、どれだけの犠牲とエネルギーの上に、その地位をつかみ取ったことか。

ただ、無理をして「いい人」になっても、たいしていいことはありません。いいことがないだけならまだしも、親切な人、やさしい人というレッテルに合わせて、そのとおりの行動が期待されます。手間や労力をかけて期待に応えても、**「あの人だから」と当然のように受け止められるだけ**でしょう。

それに引き換え、もともと「いい人」のイメージがないタイプが、ちょっと親切にしたりやさしい言葉をかけたりすると、大きな称賛を集めます。ふだんから地道にがんばっている「いい人」にしてみれば、なんて理不尽な話でしょうか。

同じ構図は、昔からありました。一例ですが、コワモテの不良タイプが雨の中で子犬をかわいがっていると、たまたまその光景を見た学校一の美少女がハートを射貫《いぬ》かれたりします。優等生タイプがいいことをしても「あたり前」としか受け取られないのに。ああ、かわいそうな優等生タイプ。

がんばって「いい人」になる必要なんてありません。「いい人」と思われたいからと、本当はやりたくない役目を引き受けたり、納得できない不利な条件を押し付けられたり、ひそかに思いを寄せる異性に人畜無害なアッシー君（古い表現で恐縮です）として便利に使われたりするのは、もうやめましょう。

かといって「悪い人」になるのは、それはそれでたいへんです。あえて目指す必要はないし、そもそも「いい人」だったタイプがどう逆立ちしても、ちゃんとした「悪い人」にはなれません。「普通の人」でじゅうぶんです。

そもそも、無理をして「いい人」を目指しているタイプは、じつは周囲の評価は高くないかも。**「いい人と思われたい」という下心があふれ出ている「いい人」**は、たくさんいます。誰しも、1つ2つ思い浮かぶ顔があることでしょう。

「よし、いい人をやめよう」と決意しても、身についた「いい人スピリッツ」は、完全には払しょくできません。いろんな場面で、ごく自然に「いい人な振る舞い」が出てしまうはず。それが、自分にも周囲にも心地よい境地です。

嫌われるのは自分のせいと思わなくてオッケー

人は誰とでも仲良くできるわけではありません。相手によって「ウマが合う・合わない」の違いはたしかにあるし、自分でも理由はわからないけど「あいつの顔を見るだけでイライラする」ということもあります。

残念ながら自分自身が、職場なり趣味や地域の集まりなりなんらかの集団の中で、別のメンバーから「嫌われる」ということもなくはありません。そんなときは、つい「自分のどこがいけなかったんだろう」と考えてしまいがちです。

しかし、その人に意地悪なことをしていたわけではなく、特に迷惑をかけた覚えもないなら、無理して原因を探求しようとするのはやめましょう。たまたま**相手にとって「気に食わない存在」だっただけ**で、自分のせいではありません。

「しょうがないか」とあっさり流して、そのぶん、ほかの人といい関係を築くことにエネルギーを使ったほうが有意義です。いつまでも引きずってしまう場合、もしかしたら「自分を嫌うなんて許せない」という傲慢《ごうまん》な了見があるのかもしれません。

頭髪は薄いままでオッケー

「ハゲは恥ずかしい」「ハゲはみっともない」なんて、いつ誰が決めたのでしょうか。ユル・ブリンナーや中年以降のショーン・コネリーの例を挙げるまでもなく（無理をしていないので例が古いです）、ハゲでもカッコいい人はたくさんいます。

毛髪があればカッコいいわけではありません。もちろん、カッコよくないハゲもたくさんいますが、それは毛髪があってもカッコよくない人がたくさんいるのと同じ。一方で**確実にカッコよくないのは、毛髪をハゲしく気にすること**です。

薄くなっていくことや消滅していくことを嘆く必要はありません。無理に増やそうと努力する必要もありません。我が身の変化を受け入れ、新しい自分を楽しみましょう。毛髪への執着を捨てることで、人生は光り輝きます。

どうしても捨てきれない場合は、毛髪に執着している人を頭に思い浮かべてみるのがオススメ。実際どうなのかはさておき、そういう人は人間性で勝負する自信がないように見えます。そして、たぶんその見え方は当たらずとも遠からずです。

カラオケでは古い歌ばかりでオッケー

「こんな歌うたったら、おじさん（おばさん）と思われるかな……」

飲み会の流れでくり出したカラオケボックス。メンバーを見ると、自分が最年長です。そんな状況で、本当にうたいたい歌ではなく、中途半端に新しめの曲を選んだことがあるのではないでしょうか。私はあります。

その結果、何が得られたか。けっしてひそかに期待していたような喝采《かっさい》は得られません。気が利く若者が「へえー、こんな歌も知ってるんですね」と、微妙なホメ言葉をかけてくれるのが関の山。ヘタすると、**自分なりに新しい曲を選んだつもりなのに、「うわー、懐かしいー」**なんて言われたりします。

もし自分が20代30代で、40代50代の先輩や上司があきらかに無理して新しめの曲を選んでいたら、はたしてどう思うか。ちょっと想像力を働かせると、血迷って新しめの曲を選んだ自分を全力で罵倒《ばとう》したくなります。「おまえはなんて恥ずかしいことをするんだ！」と。

押し出す快感

なじみ深い昭和歌謡を胸を張ってうたえばいいんです。若いころを思い出しながら、若いころに戻ったような錯覚を抱きながら、キャンディーズでも山口百恵でも寺尾聰《あきら》でもゴダイゴでも、かつてテレビの前でワクワクさせてもらった大好きな歌をうたいましょう。

その場にいる若いメンバーにとっても、そのほうがありがたいはず。半端に合わせようとされるより、楽しそうにうたってもらったほうが、平和な気持ちで適当に盛り上がりつつ聴くことができます。知らなかった新しい歌に出会えるというメリットもなくはありません。

スナック的なところに行って、ほかのお客さんもいるシチュエーションでうたう場合も同じ。「年相応」の古い歌をうたうことこそが、その場で自分に与えられた役割であり、何より自分自身がめいっぱい楽しむ王道です。逆に店内が「大先輩」ばかりだからといって、古い歌をうたう必要もありません。

「新しめの曲をうたって若いコを驚かせたい」という邪念は、あなたに不幸をもたらすだけ。無理はしなくていいんだ、古い歌でいいんだと悟れたとき、あなたはカラオケをより深くより自由に楽しめるようになります。

義理の葬式には行かなくてオッケー

新型コロナウイルスは、私たちの仕事や生活にいろんな影響を及ぼしました。数少ない恩恵と言えるのが、葬式は「家族葬でいい」という認識が広がったことです。

お世話になった方や親しかった人の葬式ですら、本人に会えるわけではないので、悼む気持ちはじゅうぶんにあってもすすんで行きたいものではありません。まして、義理がらみの葬式となったら、気の進まなさもひとしおです。

しかし、得意先の社長や自社の重役の身内など、会ったこともない人の葬式なのに「出ないわけにはいかない」というケースは少なくありません。町内会やＰＴＡがらみなど、地域の付き合いで知らない人の葬式に行くこともあります。

ぶっちゃけ**遺族だって、義理で来てもらっても心苦しいだけ**でしょう。新型コロナの感染防止という好都合な口実のおかげで、遺族も遠慮なく「こういうご時世ですので、家族葬にさせていただきました」と言えるし、行かなくて済んだ側もホッと胸をなで下ろすことができます。

ただ、冠婚葬祭の魔力はあなどれません。少し風向きが変われば、まずは会社がらみや地域の名士の葬式あたりから、「やっぱり盛大なお葬式を」という気運が高まってくるでしょう。そうなると、目に見えない「世間様」から「当然、行くよね」というプレッシャーをかけられている気になります。

落ち着いて考えてみましょう。行くとなると、時間もエネルギーもお金もそれなりにかかります。それでも行く理由は、喪主であるエラい人におべっかを使いたいから。年齢や立場にもよりますが、おべっかを使って何かいいことがあるでしょうか。

今度、顔もよく知らない、亡くなったと聞いても別に悲しくない人の葬式があったら、勇気を出して「行かない」という決断をしてみましょう。**行っても誰も嬉しくないし、行かなくても誰も困りません。**

残る心配は「不義理なヤツと思われないか」ということ。これも、ぜんぜん大丈夫です。自分もそうですけど、誰も他人のことにそこまで興味ありません。

冠婚葬祭の強力な呪いのせいで罪悪感が残った場合は、香典にするつもりだったお金で美味しいものでも食べて、そんな気持ちを成仏させるのがオススメ。よく知らない故人も、そんなあなたの姿を見て空の上で微笑んでいることでしょう。

議論に勝たなくてオッケー

本来「議論」というのは、違う意見を戦わせることで、より考えを深めたり適切な結論を出したりするために行う行為です。そしてあくまで意見のぶつかり合いなので、終わったあとで相手にマイナスの感情を抱く必要はないはず。ただ実際には、そんな**建設的であと腐れのない議論が行われることはほとんどありません。**

たとえばAさんとBさんが、「男女のあいだに友情は成立するか」という古典的なテーマで議論を始めたとします。ちゃんと実り多い議論が行われたら、異性との関係についてそれぞれ新しい発見があったり、自分の価値観を揺さぶられて思い込みを反省したりといったことにつながるでしょう。

しかし、なかなかそうはなりません。AさんもBさんも、自分の意見を認めさせることにばかり躍起になって、相手の意見に耳を傾けることなく、一生懸命にアラを探し、とにかく勝とうとするでしょう。そして議論が終わったあとは、お互いが相手に激しい恨みや怒りを抱いてしまいます。

脱力する快感

アメリカのドラマとかで、会議で激論を戦わせた同士が、終わったあとで握手するシーンがあります。「水に流そう」という意思表示ですが、内心はハラワタが煮えくり返っているはず。だからこそ、わざとらしい儀式が必要になるわけです。

議論は勝つとか負けるとか以前に、しないことがもっとも大切。仕事で自分の意見を通す必要があるときは、説得とか根回しとか情に訴えるとか、議論以外の方法を考えましょう。まして日常生活での議論は、百害あって一利なしです。

何かというと議論を吹っかけてくる人は、自分のすごさを見せつけたいだけで、意見や考えを深める気はありません。しかも、相手をやり込めることが前提なので、うっかり矛盾を突いたりしたら確実に面倒なことになります。

どんな小さな戦いでも、とりあえず相手に勝ちたいと思ってしまうのが人情。そんな邪念を振り払って、「議論に勝ちたい」と思うことの無意味さをあらためて確認し、念入りに自分に言い聞かせましょう。

自分は議論なんてするつもりはないのに、誰かから吹っかけられてしまったら「いかにあっさり負けるか」を目指したいところ。**議論は負けることこそが唯一の「勝ち」**です。相手は相手で勝ったつもりでいるので、まさにＷＩＮ－ＷＩＮですね。

そもそも言い争わなくてオッケー

前項の「議論」と同じように、「言い争い」もじつに不毛です。本来の意味での議論は別として、実際に行われている議論のほとんどと言い争いは、ほぼ同じ。足を踏んだ踏まない的な話ではなく、多少は中身があるのが議論でしょうか。

言い争いも、いちばんの目的は「自分の意見を押し通して相手をやり込めること」です。お互いがそう思っているので、話がスッキリ決着することはありません。**どちらかの意見が通ったとしても、間違いなく遺恨が残ります。**

「言うべきことを言わないと損をするのではないか」と思う人もいるでしょう。しかし、「オレは足なんか踏んでない。踏んだのはおまえだ！」と主張して、何か得られるものがあるでしょうか。言い争って疲れることのほうが、はるかに損です。

足を踏んだ踏まない程度の話だったら、身に覚えがなくても「あっ、すみません」と謝ってしまいましょう。言い争いという不毛な試合にさっさと負けることで、平穏で誇り高い人生を歩むという勝負に勝つことができます。

ダジャレはどんどん言ってオッケー

ダジャレはいつからあるのでしょう。おそらく、人間が言葉という素晴らしい道具を持った瞬間から、ダジャレという偉大な文化も生まれたに違いありません。

ところが、現代社会において、ダジャレはなにかと迫害されがち。特に中年男性のダジャレは「オヤジギャグ」という蔑称《べっしょう》でくくられて、唾棄《だき》すべきものと見られています。そんな風潮に恐れおののいて、私たちは会心のダジャレを思いついてもすんなり口にできません。多くの場合、そのままグッと飲み込んでしまいます。

それは**ダジャレという人類の叡智《えいち》に対して、失礼かつ申し訳ない態度**なのではないでしょうか。思いついたダジャレは、無理にガマンしないで口に出しましょう。

ダジャレを含む「オヤジギャグ」が迫害されるのは、ウケを強要している気配が漂うから。ウケなくてもいい、いやウケてくれるなと思いながら発すれば、少なくとも憎まれることはないはず。ウケないダジャレを通じて、大らかに生きようとか人にやさしくなろうとか、そういうメッセージを広めている気分に浸るのも一興です。

先回りの気づかいはしなくてオッケー

「さすが、気が利くね」

「ありがとう。こっちが言う前にやってもらえて助かるよ」

こうしたことを言われる気持ち良さは、クセになります。しかし、たくさん味わいたいと思って無理に張り切るのは、非常に危険。**ありがたいはずの気づかいが、たちまち「大きなお世話」に変貌《へんぼう》**します。

友だちといっしょに回転寿司を食べに行ったとしましょう。自分のお茶を淹《い》れるついでに相手のお茶も淹れてあげるのは、相手に喜んでもらえる気が利く行為に見えます。ただ、もしかしたら相手は、お寿司をつまみながらビールを飲んで、最後に淹れたて熱々のお茶をすすりたかったかもしれません。

仮にそうだったとしても、まあ、お茶はギリギリ許されるでしょう。相手も、いちおう「あ、ありがとう」とお礼を言ってくれそうです。

しかし、「ほら、おまえの好きなサーモンが流れてきたよ」と勝手にレーンに手を伸ばしてお皿を取るのは、「大きなお世話」以外の何ものでもありません。運良く絶交されなかったとしても、間違いなく険悪な雰囲気になるでしょう。

回転寿司の場合は、光景を想像すると「たしかに、それはしちゃいけないよね」と思うことができます。しかし、私たちは仕事や日常生活でも、ふとした拍子に同じような「大きなお世話」をしてしまいがち。

「忙しそうだったから、あの資料まとめておいたよ」と先回りして後輩の仕事を片づけてあげたら、相手は労力的に助かったとしても愉快ではありません。あるいは、PTA仲間のAさんから、別のメンバーのBさんのグチを聞かされたとします。助けてあげたいと気を回して、Bさんに「Aさんが『Bさんはこういうところがよくない』って言ってたよ」と伝えたら、たいへんな事態になってしまうでしょう。

気づかいは、相手に喜んでもらってこそ意味があります。無理な先回りは大ケガの元。たいていの場面は、**行動する前に「こうしていい？」と尋ねることで、ハタ迷惑な「大きなお世話」を避けることができます。**

ただ、先回りの行動は控えられても、自分がいかに気が利くかをアピールするために、しょっちゅう「こうしていい？」と尋ねまくるという落とし穴もありますけど。

心にたまった毒は吐き出してオッケー

「老害って、ウチの社長みたいな人のことを言うんだろうな。わかってないなら口を出さなきゃいいのに、業績が伸びない原因の9割はあの人だよ」

「最近の若いヤツは、注意するとすぐ『パワハラです』なんて言いやがって。注意してもらえるありがたさをわかってないヤツが、成長なんかできるか」

「正直、義母には早く死んでほしい。子育てのことにいちいち口を出してきて。お金も出さないくせに。何も言えないマザコン夫にも、心底幻滅したわ」

誰しも心の中に不満や怒りを抱えています。しかし、そう簡単に口に出すわけにはいきません。相手や状況を間違えると、取り返しのつかないことになります。

だからといって、毒をため込んでしまうのは危険。**たまりすぎた毒は自分の中で熟成します。**ほうっておくと自家中毒を起こして、心や体に攻撃を始めるでしょう。

そもそも人間はフグや山菜と同じように、自分の中に毒やアクを持っている生き物です。適度に毒を抜いたりアク抜きをしたりしないと、接する人にしてみれば、とう

押し出す快感

てい食えたもんじゃありません。いくら表面を取り繕っても、たまった毒から発せられるイヤな臭気が漂ってしまいます。

心の中に毒がたまってきたら、無理にフタをするのではなく、早めに吐き出しましょう。毒が生成される原因になっている当事者とはまったく関係ない人を相手に、お互いの毒を吐き出し合うもよし、ぬいぐるみに聞いてもらうもよし。古式ゆかしい方法ですが、日記帳にぶちまけるのも趣がありそうです。

SNSに匿名で書き込んでいるケースをよく見ますが、野次馬に的外れな批判をされたりして、さらに巨大な毒を抱え込むことになりかねません。ネットは一見、毒を吐き出す場として便利そうですが、たくさんの弊害があります。

胃の内容物と同じで、毒はきれいなものではありません。それを自覚して吐くぶんにはいいのですが、同病相《あい》憐《あわ》れむ的な味方が無責任に共感してくれたりすると、その気持ち良さがクセになったりします。やがて「ネットで吐き出すために、わざわざ毒を作り出す」という悲しすぎる行動をし始めるケースも。

毒を気持ち良く吐き出して、また明日からがんばりましょう。気持ちのいい吐き出し方のコツを覚えれば、**毒の元になる不愉快な出来事への耐性もつきます。**

気が乗らないからと誘いを断ってオッケー

「明日、こういうメンツで飲みに行くんだけど、いっしょにどう？」

「来週の日曜日、河原でバーベキューするんだけど来ない？」

そんなふうに誘われたけど、なんとなく「気が乗らない」ときはあります。

誘ってくれた相手や来るメンバーが嫌いなわけじゃないし、予定が入っているわけでもない。なぜ気が乗らないのか、自分でもよくわからない。具体的に断る理由が見つからないと、つい「いいね、行くよ」と言ってしまいがちです。

しかし、**なんとなく「気が乗らない」というのは、けっこう重要な判断材料。**誰しも思い当たるフシがあるでしょうが、最初にそう感じた場合、やっぱり行ってよかった、けっこう楽しかったと感じることはめったにありません。

ことさら楽しそうに振る舞って疲れたり、誰が悪いわけでも具体的にイヤなことがあったわけでもないけど、どよーんとした思いを抱えて帰ることになったりするのが常。たいていの場合、当日を迎える前から、「あーあ、行くなんて言わなきゃよかった」と憂鬱《ゆううつ》な気持ちになります。

いつのころからでしょうか、私たちは「誘われたらとりあえず断らないのが、人として望ましい姿勢」と思い込むようになりました。若いうちは、そうすることで世界が広がったり、可能性をつかむことにつながったりすることもあるでしょう。若者にとってフットワークの軽さは、たしかに大きな武器になります。

ただ、人生も後半戦の年代になったら、その姿勢を貫く必要はありません。気が乗らない誘いに無理して付き合っても、特にメリットなんてないどころか、気持ち的にも物理的にもデメリットのほうがはるかに大きいでしょう。

「気が乗らない」と感じるのは、**これまでの人生経験で培われたセンサーが拒否反応を示して、**「行かなくていい」と教えてくれているのかもしれません。いや、きっとそうです。自分を信じて断る決断をしましょう。

言わずもがなですが、「気が乗らないから」と本当の理由を言う必要はありません。人間関係がギクシャクして、別のストレスを抱えることになります。別の予定をでっちあげるなどしつつ、いちおう残念そうな素振りを示しておきましょう。それが誘ってくれた相手に対する礼儀だし、うしろめたさを払しょくする生活の知恵です。

子どもの成績はほかの子と比べなくてオッケー

子を持つ親は、迷いと不安でいっぱいです。子どもが小さいときは小さいときなりに、大きくなってきたら大きくなってきたなりに、毎日「これでいいのかな」「もっとやれることがあるかも」と思わずにはいられません。

親という〝お仕事〟が難しいのは、何をどうすれば「合格点」を取れるのかがわからないところ。そんな状況で、いちおうの安心を得る手がかりとして、子どもの成績に一喜一憂したりします。しかも、ほかの子の成績と比べながら。

子どもにしてみれば、たまったもんじゃありません。ひとりひとり個性も適性も持ち味も違うのに、そこをちゃんと見ようとせず、成績という数字だけを見て「もっとがんばれ」とか「よくやった」とか言われてしまうんですから。

親にとって、子どもの成績をほかの子と比べるのは、がんばって「いい親」になろうとする思いの表れかもしれません。しかし、勝った負けたに無理やり意味を見出《みいだ》すのは、百害あって一利なし。**親だって、ほかの親と比べられたくはないはず**です。

マズい飲食店では残してオッケー

「食べ物を残してはいけない」は、美しくて大切な心がけです。ひと口残すぐらいなら食べてしまいたいし、居酒屋で見境なく大量に注文するのは控えたいもの。「映《ば》える」写真を撮るためにデカ盛を頼んで、ほとんど手を付けないなんて論外です。

しかし、食べた途端に泣きたくなるぐらいマズい飲食店の場合は話が別。無理をして残さず食べたところで、誰も幸せになれません。マズいものでお腹がふくれてしまった自分も不幸だし、お店が「おっ、きれいに食べてくれた。きっと美味しかったんだな」と勘違いしたら、**せっかくの「反省の機会」が失われてしまいます。**

いや、そもそも反省が苦手だからマズい店なんでしょうけど……。自分自身の尊厳を守るという一点だけでも、食べ物を残さない禁を破る理由としてはじゅうぶんです。自分に無理をさせると、お店への憎しみが余計に増幅してしまいかねません。

マズい食べ物を憎んで、お店や店主を憎まず。そんなギリギリのやさしさを持ち続けるためにも、マズい飲食店では勇気を出して残しましょう。

役立つことは言わなくてオッケー

相手が困ったり迷ったりしている気配を見せると、私たちはつい「役立つことを言ってあげたい」という邪念を持ってしまいます。ふだんの何気ない会話でも、スキあらば「相手に気づきを与えるひと言」をはさもうとしがち。

人間は、ほとほと悲しい生き物です。特に「オジサン」に属する人間は、悲しさが服を着て歩いていると言っても過言ではありません。

「役立つこと」や「気づきを与えるひと言」をくり出したがるのも、悲しいクセの1つ。そんなことを言ったところで、相手には届かないとわかっているのに。**自分が「どうだ、鋭いだろ」と悦に入るだけで、**相手は「えっ、なんか言った?」ぐらいにしか思わないのは、重々承知しているはずなのに。

「えっ、なんか言った?」なら、まだマシです。内心「うるさいなあ。わかってるよ」とムッとされたり、「はいはい、いいこと言う人と思われたいんだね」とウンザリされたりするほうが多いでしょう。納得した口調で「なるほど、そのとおりだね」などと言われたとしたら、それは礼儀として話を合わせてくれているだけです。

そんな悲しい構図なのに、私たちは尊敬や感心や感謝を得たいという欲望を捨て切れません。「役立つこと」を言おうと思っていると、相手の話に「でも」と否定から入るリアクションしかできなくなったり、ふた言目には「要は」や「逆に」を付けたりしてしまいます。

そんな人と話していても、ぜんぜん楽しくありません。常に「優秀な自分が愚かな相手を導いてあげなければ」と思っているわけで、かなり図々しいし、相手にとってはうっとうしい状況です。自分自身も会話を楽しむことができないでしょう。

いっさい「役立つこと」を言わなくたって、こっちに軽べつの目を向ける人なんていません。それどころか、格段に「話しやすい人」や「親しみやすい人」になれます。さらに、勘違いや浅い見識に基づいた的外れなアドバイスを口にしないことで、むしろ「じつは深く考えていそうな人」に見えそうです。

「役立つことを言わなければ」というひとりよがりな使命感は、さっさと捨て去りましょう。そうすることで、他人に対して上から目線を持ちたがる悲しいサガを捨て去ることができるし、無駄な肩の力も抜けて人との会話が楽しくなります。

いつまでもアイドル好きでオッケー

世の中には「いいトシをして」という言葉が、好きな人と嫌いな人がいます。「好きな人なんているの？」と思うかもしれませんが、知っている人の顔をいくつか思い浮かべてみましょう。

「あいつ、いいトシして、アイドルにハマってるらしいよ」

そんなふうに「いいトシ」を理由にして、**他人の趣味にケチをつけそうな顔**があるはずです。一方で、そういうことは絶対に言わなそうな顔もあるでしょう。

アイドルにハマっている人の中にも、自分自身について、「周りから『いいトシして』って言われそうだけど……」という言い方をしそうな人と、絶対に言わなそうな人がいます。もしかしたら「言われそうだけど……」と言っている人は、別の人の趣味や行動に対して、躊躇なく「いいトシをして」と言う人かもしれません。

「アイドル好き」は、ほんの一例です。ラーメンの大盛りを注文したりアニメについて熱く語ったり、あるいは新しい仕事にチャレンジしたり若い恋人ができたりなど、「いいトシをして」という言葉と結びつきそうな行為はたくさんあります。

UFOを信じているとか、やたら惚《ほ》れっぽいとか、「いいトシをして」という言葉が似合う考え方や性格もたくさんあります。

「年齢に似つかわしいか、そうじゃないか」は、誰が決めるのでしょう。そもそも決める必要があるのでしょうか。本人が気にしなければ、年齢のリミットや制約はほぼないはず。年齢を重ねたからこその楽しみ方もきっとあります。

「いいトシをして」という言葉からは、意識的に距離を置きたいところ。イメージでしかない「年齢制限」にしばられて、やりたいことを無理にガマンする必要はありません。自分の考えや性格を無理に変える必要もありません。沸き起こってくる「もっと深みにハマりたい」「もっと楽しみたい」というパッションに従いましょう。

「いいトシ」というのは、もしかしたら**「やりたいことをやっていいトシ」という意味かも。**あるいは「そういうことをするには、いちばんいいトシ」かもしれません。自己啓発セミナーっぽい言い方になってしまいましたが、物事はそのぐらい自分に都合よく考えたいもの。それもまた「いいトシ」になったからこその妙味です。

社内政治は気にしなくてオッケー

「ウチの部長は社長派だけど、最近は常務派が勢力を拡大している。今後の状況を左右するのは、専務がどっちに付くかだね」

いかにも適当に設定した稚拙な例で恐縮です。あなたの周りにも、この手の社内政治の話題がやたら好きな人がいるのではないでしょうか。

テレビや新聞でも国の政治に関して、似たような話がせっせと報じられます。政治家の主義主張や手腕ではなく、党内の人間関係や立ち位置みたいな話ばかりが詳しく語られがち。いつの間にか「政治」という言葉は、国を治めるという本来の意味よりも、集団の中での意見や利害の調整を指すことが多くなりました。

本来は壮大な言葉のはずだったのに、とんでもないスケールダウンです。結局のところ人間は、総合的な見地で大きな話を語るよりも、**小さな世界でくり広げられる人間関係のゴタゴタ**みたいな話をささやき合うほうが好きなんですね。

特に「社内政治」という四字熟語で使われている「政治」には、政治のセコい要素が凝縮されています。同時に、政治の醍醐味や面白さも凝縮されています。

そう、社内政治に詳しい同僚同士であれこれ語り合うのは、間違いなく楽しいでしょう。「自分はほかのヤツらとは違う」という選民意識や、「会社生活を充実させるために意味のあることをしている」という満足感もたっぷり味わえます。

社内政治に関心がない側は、「社内政治好き」の生き生きとした様子を見て、取り残されているような不安にさいなまれるかもしれません。しかし、ぜんぜん大丈夫。社内政治を語ることで**彼らが得ている選民意識や満足感は、たんなる幻想**です。

よく観察すると、仕事でたいした結果を出せそうにないタイプに限って、社内政治を語りたがる傾向はないでしょうか。客観的には出世の可能性が薄くても、社内政治に詳しくなることで一縷《いちる》の望みを抱くことができます。仕事では同僚や後輩の後塵《こうじん》を拝していても、社内政治に詳しいことで勝った気になることができます。

そんな虚しくて不毛な世界に、無理に首を突っ込む必要はありません。社内政治に詳しくなって気をつかいながら行動するよりも、何も気にせず突き進んだほうが、いい結果につながる可能性ははるかに高いはず。それでも「やっぱり自分は社内政治に詳しい人になりたい！」と思うなら、無理にガマンしなくてもいいですけど。

会話は盛り上げなくてオッケー

「会話は盛り上がったほうがいい」なんて、誰が決めたんでしょうか。顔見知りとの会話でも初対面の相手との会話でも、私たちは「とりあえず盛り上げないと」という義務感やプレッシャーを抱いて、無理にがんばってしまいがちです。

ただ、盛り上げようとすればするほど、何を言っても空回りして微妙な雰囲気になりがち。そんなときは、夜空に浮かぶ月を見上げながら「ああ、会話を盛り上げられる人になりたい……」と唇をかみ締めてしまいます。

そもそもですが、盛り上がった会話って、そんなに楽しいでしょうか。話している全員が心の底から楽しんでいることはまれで、たいていは**無理に笑ったり無理に話を合わせたりといった犠牲の上に、うわべの盛り上がりが支えられています。**

会話を無理に盛り上げようとするのは、もうやめましょう。流れに任せて、地味な話題のときは静かに反応したり、本当に面白かったら素直に笑ったりすれば大丈夫。そのほうが、自分もほかの人も「ああ、楽しかった」と思える会話になります。

スケベでオッケー

「スケベ」に対する風当たりが、どんどん強くなっています。漢字では「助兵衛」や「助平」と書きますが、要は異性に対する好奇心が強い人のこと。いや、異性とは限りませんね。性的な好奇心が強い人ということです。

スケベ、大いにけっこうではありませんか。ただし、不埒《ふらち》な行動に出たりケシカランことを言ったりするのは、スケベかどうかとはまた別の話です。**スケベはけっして「犯罪予備軍」ではありません。**むしろ社会生活を健全に送るうえで欠かせない素養です。自分の中のスケベな気持ちを無理に抑えつけて、さも聖人君子みたいな顔をするのは、非常に危険でありむしろ不健全。「むっつりスケベ」という言葉がありますが、それはスケベの中でもっともやっかいで迷惑なスケベです。

もちろんＴＰＯはありますが、明るく楽しいスケベとして胸を張って生きていきましょう。スケベな部分を表に出すことで眉《まゆ》をひそめられたとしたら、それは加減を間違えたか、相手が「スケベ」に対して歪《ゆが》んだ偏見を抱いているかのどちらかです。

ヤキモチは焼いてオッケー

42ページで、他人の幸せや成功に対する「嫉妬」について書きました。「嫉妬」には、もう1つの意味があります。それは恋人や配偶者や好意を寄せる相手が、自分以外の人に惹かれたり親切にしたりしたときに抱く、いわゆる「ヤキモチ」。

「あー、わかったよ。オレよりあいつのほうがいいんだな。もう勝手にしろよ」

「キャプテンったら、先輩のサユリさんとばっかり話してズルい！」

ここまではっきり言わなくても、彼氏や彼女が同級生との飲み会に行くときに、うっかり不機嫌そうな顔をしてしまうことも。

しょうもない邪推だというのは自覚していても、相手にとって自分よりそっちの人のほうが大切な存在なんだとわかっていても、ヤキモチという名の嫉妬心が湧き上がってくるのは止めようがありません。

ヤキモチを焼いていることを表明するのはもちろん、そういう感情を抱くこと自体が恥ずかしいとされています。だからといって、無理やりにないことにして、自分自身に「なんとも思っていない」と言い聞かせるのは非常に危険。相手に対して不愉快な気持ちは抱いているので、全力で責める口実を探そうとします。

恋人や配偶者の場合は言葉尻《じり》を捉えてケンカを売ってみたり、キャプテンなど好意を寄せる相手の場合は、もっともらしい理由を見つけて批判してみたり。かなりタチが悪くてハタ迷惑です。

そうなるくらいなら、無理に目を逸らさず、自分がヤキモチを焼いていることを認めてしまいましょう。そのうえで**「うわー、自分ってばヤキモチなんか焼いちゃって。なかなかカワイイところあるじゃない」**とツッコミを入れれば、そこで昇華されて、相手に対する攻撃的な感情を抱く要因はなくなります。

ただ、ヤキモチを焼くのはいいとして、気持ちを口に出して相手にぶつけるのは、やっぱり控えたほうがいいでしょう。相手が飲み会に行く場面だったら、ニッコリ笑って「楽しんできてね」と言うことで、ヤキモチのうしろめたさを吹き飛ばせます。

「自分にはできそうにない」という方には、無理強いするつもりはありません。どうせヤキモチを焼いていることは相手に伝わってしまうので、似たり寄ったりです。そして、そのヤキモチは相手にとって不愉快とは限りません。

配偶者の親とは仲良くならなくてオッケー

配偶者の親とすんなり仲良くなれるなら、当然そのほうがお互いに楽しいでしょう。しかし、配偶者本人は好きで結婚したわけですけど、その親ともウマが合うとは限りません。それは、きょうだいも同じです。

しかし、特に親とは「仲良くならなければならない」というプレッシャーが強いし、仲良くなることが「いい夫」「いい妻」の条件になっているフシもあります。ただ、そこで無理をしすぎると、あるいは配偶者に自分の親と仲良くなることを望みすぎると、**もっとも大事な夫婦の関係がギクシャク**してしまいかねません。

何度も言いますが、お互いの気づかいやニーズがうまくかみ合って、お互いに好意を抱くことができるなら、どんどん仲良くなりましょう。

そこまでいかなくても、子ども側は義父母に敬意や親愛の情を示して、なるべく円滑な関係を築く努力はしたいところ。お互いがストレスなく無難に付き合っていけたら、それでじゅうぶんです。

しかし、さらなる「理想」を追い求め、自分の気持ちを強引にねじ曲げて、「もっと仲良くなりたい」「もっと心を通い合わせたい」と無理をしても、けっして距離は縮まらないでしょう。たぶん親の側も、どう対応していいか困ってしまいます。

夫婦だって価値観の違いで衝突が起きがちなのに、まったく別の家庭を築いている配偶者の親に対して、随所で違和感や疑問を抱くのは仕方ありません。「家族になったんだから、自然に仲良くなれるはず」と思うのは、甘すぎるうえに乱暴です。**仲良く「なる」と仲良く「する」は、似ているようで大違い。**そこを混同しないように気をつけましょう。目指したいのは仲良く「する」という状態です。

世代も考え方も違う相手に不用意なひと言を言われて腹が立つことはあるでしょう。そこは最初から「そういうもの」だと思えばダメージは最小限に抑えられます。必要に応じて「水くさい」と言われそうな距離感を保つのは、衝突を防ぐための生活の知恵。自分たちにとって、もっとも無理のない付き合い方を探りましょう。

逆の立場から、息子や娘の配偶者に対しても同じことが言えます。「どう付き合っていいかわからない」と戸惑いつつ、探り探り試行錯誤を重ねているのはお互いさま。そこに気がつけば、今より気持ちがラクになるかもしれません。

落ち込んでいる自分を責めなくてオッケー

仕事で失敗したり、試験で思うような結果が出なかったり、どうでもいいことでケンカして恋人に嫌われたり……などなど、人は生きていれば必ず「落ち込む場面」が訪れます。

そんなときにやってしまいがちなのが、「こんなことで落ち込んでいるなんて情けない」と落ち込んでいる自分を責めること。つらいことがあったから落ち込んでいるのに、さらに追い打ちをかけるなんて、あまりにも自分をイジメすぎです。

なぜ「落ち込むのはいけない」と思ってしまうのか。そりゃ、何があっても元気に明るく、しかも穏やかで前向きな気持ちで過ごしたいのは山々です。でも、そうはいきません。**無理を続けたら、きっと心が悲鳴をあげてしまいます。**

落ち込む出来事があったときはもちろん、特に原因はなくてなんとなく気分が落ち込んでいるときも、気が済むまで落ち込みましょう。自分を責める必要はないし、早く立ち直らなければとプレッシャーをかける必要もありません。

脱力する快感

落ち込むのは、自分の行動や現状に満足していなくて、変わらなければいけないと思っているから。いわば**生まれ変わるための助走であり、エネルギーの蓄積をしている大事な時間**だと言えるでしょう。

せっかくの成長の機会なのに、「落ち込んでちゃダメだ」と自分を責めることに熱中してしまったら、反省をかみ締めるどころではなくなります。落ち込むことになった原因についても、深く考えないままやがて忘れてしまうでしょう。じつにもったいない話です。

ただ、いろいろあって落ち込んでいても、会社に行ったり友だちに会ったりすることもあるでしょう。そのときに「落ち込み」をどこまで顔に出すかは難しいところ。いかにも「今、落ち込んでます」という顔をしていたら、周りはきっと心配したり慰めたりしてくれるに違いありません。

それはそれで、半端に満ち足りた気持ちになって、成長の機会を逃してしまうことになります。とはいえ、ことさら元気に明るく振る舞う必要はありません。心配してほしいとか慰めてほしいという気持ちも湧いてきますが、それは全力で振り切って、あくまでも普通に振る舞いましょう。

自分の失敗は笑って流してオッケー

大きな失敗から小さな失敗まで、私たちの毎日は失敗にあふれています。「今日は一度も失敗しなかった」という日は、1年のうち何日あるでしょうか。

同僚にせよ家族にせよ、失敗して迷惑をかけると、申し訳なくて神妙な態度を取ってしまいがち。時には、失敗の罪を少しでも軽くしようとして、隠そうとしたりごまかしたりしてしまうこともあります。そういう態度や行動は、いわば「失敗の上塗り」。

相手は迷惑をかけられ暗い顔を見せられて、場合によっては慰める羽目になります。隠されたりごまかされたりしたら、迷惑はさらに拡大するでしょう。

きちんと謝るのは当然として、無理に反省の色を見せる必要はありません。誰にも迷惑をかけない自己完結型の失敗も同じ。深く反省して落ち込んだところで、自分が変われるわけではなく、失敗のとばっちりを周囲にまき散らすだけです。

深刻な顔をしても、失敗がリカバリーできるわけではありません。 ほとんどの失敗は笑って流すのが、周囲のためであり自分のためでもあります。

カタカナ語にしなくてオッケー

「明日、お客さんのアテンドは誰がやるの？」↓「案内」と言え！
「ちょっとエクスキューズしておくと」↓なぜ「弁解」と言わない！
「あの件は先方からのレスポンス待ちです」↓「返事」でいいだろ！

特にビジネスの世界では、やたらと横文字が飛び交います。言っている本人も意味がいまひとつわかっていないことも少なくありません。

さほど必然性はなくても、無理に横文字を使ってしまうのは、ひとえに自分を底上げしたいから。「横文字を使うと賢そうに見えるかも」「たくさんの横文字を使いこなせば仕事がデキる人と思われるかも」といった妄想を抱いてしまいます。

なんと恥ずかしい了見でしょう。しかも、**よくわからない横文字を使いたがる側の狙いは、多くの人にバレています。**ということは、使えば使うほど心の中で失笑されている可能性は大。そうならないように、無理して横文字を使わず、同じ意味の日本語に置き換えることを心がけましょう。きっとそのほうが賢そうに見えます。

日本と外国を比べなくてオッケー

アメリカの社会学者が書いた本『ジャパン・アズ・ナンバーワン』が発売されたのは、1979（昭和54）年でした。戦争が終わって34年、高度経済成長が続いてジャパンがどんどん「豊か」になっていったころです。

憧れの対象であるアメリカの学者に「日本がいちばん！」とおだてられて、さぞ嬉しかったんでしょう。たくさんのビジネスマンがこの本に飛びつき、大ベストセラーになります。80年代に入っても日本経済はさらに快進撃を続け、バブルがはじける直前ぐらいまで、**日本人はすっかり有頂天になっていました。**

今思い出すと「そんなころもあったなあ」という懐かしさとともに、微妙な気恥ずかしさも覚えます。日本人は私が物心ついたころからずっと、いや、たぶん明治の文明開化のころからずっと、日本と外国を比べることで無理に自信を持ったり励みにしたりしてきました。経済力しかり学力しかり生活インフラの普及率しかり。

あまりに体に染みついていて、外国と比較して一喜一憂することに疑問を抱くことはありませんでしたが、考えてみたら残念なクセです。自分のモノサシを持ち合わせていなくて、言ってみれば「隣より先にカラーテレビを買ったぞ」「今度はマイカーを買うぞ」といった調子で、プライドや幸せを感じてきたんですから。

そして昨今は、日本と外国を比較して「日本のダメっぷり」をネタにして嘆くことが流行っています。賃金が上がっていないとか、相対的に「物価が安い国」になったうえに円安で外国人旅行者が大喜びだとか、教育にお金をかけていないとか……。

実《み》のある反省をしているようにも聞こえますが、嘆いたところで小さな自己満足を得られるだけで、日本が変わるわけではありません。そもそもが外国との比較で優越感を覚えていた裏返しで、**自分のモノサシがない**という悲しさは同じです。

比べることで自分や日本を無理やり叱咤激励したつもりになったり、「ものがわかっているオレ」を無理して見せつけようとするのは、もうやめましょう。どちらも不毛だし、しょせんは一時しのぎの満足感や問題意識しか得られません。

子どものころ「ウチもクルマ買おうよ〜」とダダをこねたとき、親に言われたではありませんか。**「よそはよそ、ウチはウチ！」**と。日本と外国を比べることをやめることで、漠然とした焦りやコンプレックスや虚栄心を捨てられるはずです。

ポイントはちまちま貯めなくてオッケー

スーパーでもコンビニでも家電量販店でも、私たちは1日に何度も、レジで「ポイントカード（orアプリ）はお持ちですか？」と尋ねられます。さらに、支払いをするたびに「ここは現金ではなくカード（orなんちゃらペイ）で払ったほうがポイントを稼げて得かな」なんてことを考えずにはいられません。

さらに、ネットで買物をするときも、こっちのサイトを経由するとポイントが2倍になるとか、このサイトを訪れてアンケートに答えるとポイントが貯まるとか、その手の「お得情報」がいっぱい。**手を広げ始めたらキリがありません。**

近ごろは「ポイ活」（ポイント活動）なんて言葉も登場しました。ポイントを上手に貯める方法をリサーチし、せっせと実践することが「賢い生き方」とされているフシがあります。みすみす無駄にすると「ダメ人間」扱いされかねません。

たしかに、まったく無頓着《むとんちゃく》でいるのはもったいない気がします。知らないうちに貯まっている交通系ＩＣカード＆アプリのポイントやクレジットカードのポイントは、たまにチェックして有効に使わせてもらいましょう。なんちゃらペイも、それで払えば20％引きといった明確な得がある場合は、遠慮なく活用したいところです。

「オレはポイントなんていっさい貯める気はない！」と言い張るのも、それはそれで無理があるかも。ただ、地道な情報収集やマメな行動を重ねて「少しでもお得な方法」を追い求める毎日は、本当に「賢い生き方」なのでしょうか。

あらためて考えてみたいのが、無理に無理を重ねてポイントを貯めた結果、具体的にどれだけ得するのかということ。たぶん、1日あたり100円得するのは至難の業です。まあ数十円がいいとこでしょう。

「1日20円としても月600円だ。バカにできる金額じゃない」という意見もありそうです。しかし、そのために費やす時間と手間とエネルギーも、バカにできる分量ではありません。たとえ600円なり数千円なり得したとしても、ポイントの還元率がアップするからと、それ以上の金額でいらないものを買っているのがオチ。

多大な犠牲を払って、**「ポイントのしもべ」になる必要はありません。**生きていくうえで余計な荷物を背負い続けて苦しむか、いらない荷物を下ろして身軽になるか。ポイントとどう付き合うかは、そこを左右する大切な**ポイント**と言えるでしょう。

読めてない本が増えていってオッケー

「買ったはいいけど読んでいない本」は、増えることはあっても減ることはありません。いわゆる「積読（ツンドク）」というヤツです。まだ読んでいない本がたくさんあるのに、また新しい本を買ってきて、家族から「こっちを読んでからにしなさいよ！」と怒られている人も多いでしょう。

雑誌や新聞で書評を見て、「あっ、この本は読んでおかなければ」と思うこともよくあります。メモ代わりにスマホでその記事の写真を撮って、「そのうち買おう」「今度図書館で捜してみよう」と思ったままになっている本も、**増えることはあっても減ることはありません。**

「せっかくお金を払って買ったんだから、読まないともったいない」

「自分に必要な本だとわかってるんだから、読まないのは怠慢だ」

読めてない本が増えていくと、そんなふうに自分を責めてしまいます。罪悪感がふくらむと、本に追い立てられているような幻想におびえながら日々を送ることになり、楽しみだった読書が自分を苦しめる〝敵〟になってしまいかねません。

気持ちの問題だけでなく、書店で面白そうな本を見つけても「あっちを読んでからにしよう」と買うことを控えたり、これ以上読みたい本が増えないように、本を紹介している記事が目に入らないように心がけたりなど、無理に自分の気持ちを抑えつけてしまうことも。それこそ、極めてもったいない話です。

読めていない本が増えることに対して、罪悪感を抱く必要はありません。読めていない本は、いつか読むかもしれない本でもあります。買った時点で、あるいは読もうと思った時点で、自分の心を少しだけ揺さぶって、一定の役割は果たしたと言えるでしょう。**本というのは、中身だけでなくその存在自体にも価値があります。**

スマホだってパソコンだってオープンレンジだって、その機能をすべて活用しているわけではありません。読んで面白かった本やイマイチだった本、積読状態になっている本、読みたいけどまだ読んでいない本……。いろんな関わり方の本が入り交じって、あなたの「読書体験」を形作っていきます。

まだ読めていない本のことは、とりあえず忘れてしまいましょう。その本と出会うベストのタイミングが、まだ訪れていないというだけの話です。

お世辞は言わなくてオッケー

「ホメ言葉」と「お世辞」は、似て非なるものです。相手の長所や言動や持ち物を称賛したいときに、いちおう根拠があってくり出すのが「ホメ言葉」。一方の「お世辞」は、相手に気に入られることや取り入ることを目的としてくり出されます。

また、「ホメ言葉」は言った側も気持ち良くなりますが、「お世辞」はそうではありません。言われた側は気持ち良くても、言った側は良心の痛みや屈辱感や相手への反感など、マイナスの感情を持ってしまいます。

そしてじつは、お世辞を言われた側にも、**言う側のヨコシマな狙いは伝わってしまうのが常。**仮に自分にお世辞を言ってくれる人がいたとして、自分がその人をどんな目で見るかを想像すれば、お世辞を言うリスクに気づくことができるでしょう。

無理してお世辞をくり出しても、うさん臭いと思われたり警戒されたりなど、いいことはありません。ホメ言葉は、本心でホメたいときにだけくり出せばじゅうぶんです。そして、ウソのないホメ言葉は相手の心を強く揺さぶります。

迷ったときはオゴらなくてオッケー

後輩とご飯を食べに行ったり、女性とお酒を飲みに行ったりしたときには、会計の段階になると「ここは自分がオゴったほうがいいのかな……」という迷いが生じることがあります。結論としては、迷ったときはオゴる必要はありません。

「ここは自分がオゴろう」と迷わず思えるシチュエーションもあります。そんなときは、ためらわずにすんなりオゴって、感謝される気持ち良さを味わいましょう。

しかし、迷いながらオゴっても、その出費は大げさに言えば無駄になります。迷いは確実に伝わるので、相手は「いいのかな。なんか悪いな」と不安を抱いてしまい、こっちが期待している「気前のいい人だな」という評価にはつながりません。

1つ間違えれば「この人、見栄っ張りだったんだ」とマイナスの評価を得てしまうかも。せっかくオゴってあげたのに、踏んだり蹴ったりです。

当然のように割り勘にすれば、ケチと思われることはないはず。仮にそう思うヤツがいたとしたら、相手が図々しいだけなので気にしなくて大丈夫です。

故郷とのつながりにしばられなくてオッケー

かつて、レコード大賞を受賞した目の細い男性歌手が、誰にも故郷《ふるさと》がある、故郷があるとうたっていました（JA○R○Cに怒られない曖昧な書き方の例）。

私事で恐縮ですが、三重から関東に来て40年が経ちました。今も故郷と深くつながっていて、観光大使的なこともやってます。そんな私が言うのもちゃんちゃらおかしいですけど、故郷とのつながりにしばられる必要はまったくありません。

親やきょうだいや親戚とのつながりは、浅かったり深かったり人それぞれ。自分がいちばん心地よい距離感で付き合えれば、それが自分にとっての正解です。

故郷も同じ。しょっちゅう帰るもよしだし、死ぬまで二度と帰らなくても特に支障がない人もいるでしょう。**自分なりの「ちょうどいいつながり方」**があります。

避けたいのは、つながりに「しばられる」こと。それは帰省など故郷が絡む行動よりも、心の中でどう見ているかや、日常の何気ない言動に表れます。

「ほら、オレは関西人だから、オチのない話は許せないんだよ」

離す快感

「都会に住んで何十年にもなるけど、都会の人とは仲良くなれないんだよね」

「移住先では絶対に言えないけど、田舎の人はやっぱり面倒くさくてさ」

たとえばこうした発言には、故郷に必要以上にしばられている気配が漂います。いや、半分以上ただのイチャモンで、目くじらを立てるほどのことではありません。目の前で誰かが口にしても、微笑みながら適当に相槌《あいづち》を打ちます。

いささかの違和感を覚えてしまうのは、自分がどこで生まれたかということに対して、それぞれちょっと無理してプライドを持とうとしているところ。プライドを持つのはいいとして、その向こうに「どこそこの出身」ということで自分にハクを付けようとしている気配が見え隠れします。

特に理由も必然性もないのに、いつかは戻らなければいけないとプレッシャーを感じていたり、戻れないことに罪悪感を覚えたりしているケースもあります。**あなたがどこに住もうが、故郷のほうはぜんぜん気にしていない**のに。

「しばられているわけじゃない。愛着を持ってるんだ」と言われそうです。その2つは紙一重。故郷のことを考えると気が重くなるなら、それはもうすでにしばられている証拠です。「しばられなくていいんだよ」と自分に言ってあげましょう。

アドバイスには従わなくてオッケー

アドバイスは、一種の呪いです。

自分なんかを気にかけてくれるのはありがたいし、頭をひねってもらって申し訳ないし、厚意や労力に応えないと悪いし……。料理のコツから生き方まで、すべてのアドバイスはたくさんのプレッシャーを伴います。

しかも、ほとんどのアドバイスは、膝《ひざ》を打つ情報や目からウロコが落ちる発見が詰まっている……かと言えば、そんなことはありません。的外れだったり勘違いだったり**「わかってはいるけどそれができれば苦労しない」の類**だったりします。

仕事にせよ男女関係にせよ、まだ右も左もわかっていない若いころは、アドバイスで助けられた場面が多少はありました。しかし、良きにつけ悪しきにつけ自分なりのスタイルが固まった年代になると、アドバイスで状況や心持ちが劇的に変わることはまずありません。

それは自覚しているはずなのに、私たちは「せっかくだから」と思って、そのアドバイスを少しでも取り入れようとしがち。問題を解決するためではなく、アドバイスしてくれた人の顔を立てることが目的になっていることもよくあります。

なんて無意味な構図でしょうか。すべては無理してアドバイスに従おうとする〝人のよさ〟が原因。アドバイスしてくれたこと自体には感謝の気持ちを示すにせよ、そのとおりにする義務や義理はまったくありません。**どんどん聞き流しましょう。**

もちろん、有益なアドバイスは取り入れたいところ。スマホに詳しい人が「液晶保護フィルムは、こういう理由でこういうタイプを選ぶといいよ」と教えてくれたとします。「なるほど」と思ったら、素直に従うことで快適なスマホライフが送れます。

ピンと来なかったら、従わなくても問題ありません。**うしろめたさを覚える必要もありません。**結果としてイマイチなタイプの液晶保護フィルムを選んだとしても、自分で考えて自分で判断した結果ですから、それが「正しい選択」です。

アドバイスする側としては、「こうしたほうがいいよ」「こうするのはどう?」とアドバイスした時点で、役割は終わっています。取り入れるかどうかは相手次第。もし「せっかくアドバイスしてやったのに、取り入れないのはけしからん」と怒られたとしたら、それは完全に相手の心得違いです。気にする必要はありません。

上司や取引先の顔色をうかがわなくてオッケー

　サラリーマンに限らず、フリーランスでも同じです。仕事をしている中で、上司や取引先といった「自分を評価する人」の顔色をうかがってしまうのは、もはや本能と言ってもいいでしょう。

　実際は、やることをちゃんとやっていれば、上司だって取引先だって文句はないはず。しかも、ちゃんと話をするのではなく、横目でコソコソ「顔色をうかがう」なんてことに精を出したところで、何を考えているかはわかりません。

　わからないどころか、ちょっとしたしぐさや何気ないひと言を拡大解釈して、**存在しない非難や悪意を読み取ったり、ぜんぜん的外れな忖度《そんたく》をしたり**しがち。むしろ話がややこしくなるし、そもそも顔色に一喜一憂するのは非常に疲れます。

　デメリットしかなさそうなのに、なぜ私たちは上司や取引先の顔色を一生懸命にうかがってしまうのか。それはたぶん「ちゃんと頭を使っている実感」や「しっかり努力している手応え」が得られるから。

仕事の大半は、やるべき手順が決まっていたり、誰がどうやっても似たような結果になったり、画期的な要素なんて入り込む余地がなかったりします。そこに「自分なりの工夫」を加えてくれるのが、上司や取引先の顔色に他なりません。

「あの反応には、きっとこういう意図があるに違いない」

「あの人はこういう案が好きだから、こっちを推すといいんじゃないか」

そんなふうにあちこちの顔色を見て推理を重ねれば、しっかり考えて手間をかけて、いい仕事をした気になれます。しかも、「自分の仕事のやり方は及第点に達しているんだろうか……」といった不安や自信のなさも解消できるでしょう。

ただ、前述したような弊害もたくさんあります。そもそも、いい仕事をしたという実感も自分への自信も錯覚に過ぎません。顔色をうかがうことに熱中し、それで何か意味のあることをした気になっていたら、**本当の意味での「いい仕事」や成長からはどんどん遠ざかってしまいます。**

「顔色なんて気にしない」と決めれば、しっかり会話するようになってより深い情報を得ることができるでしょう。わざわざ顔色をうかがわなくても、相手が怒っているなどの〝危険なサイン〟は、さすがに見逃すことはありません。

集まりでは下っ端でオッケー

飲み会にしても仕事のミーティングにしても、下っ端ほどラクな立ち位置はありません。注文を取りまとめたり資料を整理したりといった多少の雑用はありますが、逆に言うと「やるべきことがはっきりしている」とも言えます。

手持ち無沙汰《ぶさた》な状況だと、ほかの参加者と気の利いた会話を交わしたり、深いことを考えていそうな顔で資料を読み込んだりなど、難しい課題をこなさなければなりません。しかも下っ端は、みんなの役に立つ行動をしていることが目に見えるので、**たいしたことはしていなくても深い感謝や高い評価を得られます。**

中途半端なプライドにとらわれているタイプは、下っ端に見られないように無理にカッコつけたり、無理に仕事がデキるような顔をしたりしがち。自分の序列を1つでも上げようと、どうでもいいマウントを取ることに精を出したりもします。

しかも、下っ端だったら話がスベっても凡庸な意見を言ってもダメージはありません。ところが序列が高い（つもりの）人は、周囲に激しくガッカリされます。

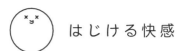

話題の映画やドラマを語らなくてオッケー

「このあいだ公開されたあの映画、すっごく良かったよ」

「ネトフリで始まった○○ってドラマ、めっちゃ面白いよ」

映画はめったに観ないしネトフリとやらにも入っていない自分は、そんなふうに話を振られても、いつも「へえー」としかリアクションできません。そのたびに、少し申し訳ないような、時代に遅れていて恥ずかしいような気持になります。

ただ、**考えてみたら「へえー」でいいのかも。**相手は、こっちが映画やドラマに縁が薄いことを承知で話を振ってきています。その話題で盛り上がろうと期待しているわけではなく、たんに会話のスキマを埋めようとしてくれたのか、もしかしたら「高感度なアンテナを持った自分」を見せつけたかったのかもしれません。

観ていないのに無理に語ろうとしても話がかみ合わないし、日頃から話題の作品をチェックしておくのは、もともと映画やドラマがたいして好きじゃない身としては無理があります。ご同輩のみなさん、これからも「へえー」でいきましょう。

ブランド品は身に着けなくてオッケー

ブランド品の服、ブランド品の靴、ブランド品のカバンなど、その気になれば、そしてお金があれば、身に着けるものすべてをブランド品で固めることができます。身に着けるものだけではありません。食べ物や飲み物、使う道具、住む場所、旅行先などなど、人生に関わるすべてのジャンルに「ブランド品」があります。

「ブランド品なんて欲しいと思ったことは一度もない」と言い切れる人は、ほとんどいないでしょう。特に若いころは、ブランド品を持つことに憧れを抱きがち。振り返るといわゆるバブルのころは、**日本という国全体がやたらとブランド品をありがたがっていました。**

社会人になって多少は経済力が付いてくると、ブランド品を持つことで自信を持ちたいとか自分を大きく見せたいとか、そんな欲求が生じてきます。そのころの日本がブランド志向になったのも、きっと同じ構図。それなりに豊かになって、次はブランド品で自信を持ったりハクを付けたりしたくなったのでしょう。

ブランド品はたしかにカッコいいかもしれませんが、ブランド品をありがたがる気持ちはぜんぜんカッコよくはありません。ブランド品に頼ってしまう自信のなさや、わかりやすい形で見栄を張りたいというセコい了見が見え隠れします。

ただ、そのへんはうすうすわかっていても、ブランド品への憧れはなかなか捨て去れません。人の持っているブランド品が気になったり、何かの拍子に気の迷いで無理してブランド品を買ってしまったりします。

しかも、買ってしまった本当の理由を覆い隠すために、「上質なものを身に着けると気持ちが豊かになるから」とか「いいものは結局、長く使えるから」なんて体裁のいいことを言って、見栄の上塗りをしてしまったりします。「そう言える気持ち良さ」を味わえるのも、ブランド品の魅力の1つなんでしょうけど。

ブランド品を身に着けて、自分を大きく見せようとする必要はありません。だいいち、ブランド品を身に着けている人に自分がどういう目を向けているかを考えると、**ぜんぜん大きくも立派にも見えない**ことはよくわかるはず。

七五三の子どもが服に着られているのはカワイイですが、いい大人が服に着られていると痛々しさしか感じません。お高い服なのに、なんとも残念なことです。

歴史上の人物に詳しくなくてオッケー

2023年放送のNHKの大河ドラマは、徳川家康が主人公です。さすがに家康や信長や秀吉ぐらいは知っているとしても、もう一歩踏み込んで、酒井忠次《ただつぐ》や本多忠勝《ただかつ》あたりになってくると、何をやったどういう人かはさっぱりわかりません。

詳しい人みたいなフリをしていますが、NHKの大河ドラマの紹介ページを見て脇役の名前を書き写しました。**要するにカンニングです。申し訳ありません。**

会話の中ですらすらと「やっぱり酒井忠次ってさ」などと言えたら、尊敬のまなざしを集められそうな気がします。どんな時代の歴史上の人物にしても、じつは名前を聞いたことがなくても、反射的に「ああ、いたよね」なんて言ってしまいがち。

たしかに、歴史や歴史上の人物に詳しいと、当時を舞台にしたドラマをより深く堪《たん》能《のう》できるでしょう。どこかに旅行に行ったときも「ここは○○のゆかりの地だなあ」なんて思って、歴史のロマンに思いを馳《は》せる楽しさを味わえます。ただ、それはもともと興味があって、結果として本当に詳しい人になった場合の話。

無理に詳しいフリをしたり、なんとなくカッコいいからと付け焼刃の知識を仕入れたりする必要は、まったくありません。漠然としたイメージではなく、立ち止まって実際のシチュエーションを思い出してみましょう。

徳川家康の話をしているときに、その程度の名前は誰でも知っててあたり前という口調で「やっぱり酒井忠次ってさ」と言い出す人は、けっこうイヤなヤツです。遠慮がちに「そのころに酒井忠次っていう人がいたんだけど」と説明してくれたとしても、「それがどうした」としか思いません。

歴史上の人物に詳しいことで、プラスの評価を得られると思ったら大間違い。尊敬のまなざしを集めるどころか、**ちょっとイラっとされたり、「おいおい、無理しなくていいよ」と憐れみのまなざしを向けられたり**するのが関の山です。

詳しくなくても、人生において特になんの支障もありません。詳しい人だって、その時代に住んでいたわけではなく、しょせんは断片的な聞きかじりの知識です。大きなくくりでは、同じぐらい「よくわかってない」と言っていいでしょう。

……いや、ちょっと負け惜しみくさい気配もありますね。苦手なことに対しては負け惜しみで自分を守るのも、胸を張って生きていくための生活の知恵です。

お金は運用しなくてオッケー

物価はどんどん上がる一方で、収入はさっぱり増えないし、将来の年金もどんどん下げられようとしています。詳しいことはわかっていなくてたんなるイメージですが、「円安」のニュースを見るたび、そこにある「安」の字の向こうに、日本が衰退している物悲しさや先行きへの不安を覚えずにいられません。

そんな漠然とした不安を紛らわせたいというニーズの高まりに応えて、巷《ちまた》には**「お金はこう運用するのが得」という情報があふれています。**イデコだかオデコだかニーサだかニートだか知りませんが、ややこしいことこのうえありません。お得なんでしょうけど、なんとなく「だまされているような気持ち」もつきまといます。

その手の情報に詳しい人にしてみたら、お金の運用に無頓着でなんの行動も起こしていないタイプは、きっと「無知蒙昧《もうまい》な愚か者」に見えるでしょう。きっちり運用している自分は、人生における「勝ち組」だと思っているかもしれません。

本当にそうでしょうか。お金の運用に無頓着な人たちも、今すぐ行動を起こさないと、取り返しのつかないことになってしまうのでしょうか。たぶん、そんなことはぜんぜんありません。

得できる情報を集めたり計算したりするのが好きな人は、娯楽の一種としてお金の運用を楽しむのもいいでしょう。もし膨大な資産を持っているなら、運用するとしないとでは大きな差が出そうなので、ちゃんと考えたほうが良さそうです。ただ、膨大な資産の場合は自分が右往左往しなくても、プロがやってくれそうですけど。

自分には虎の子だけどけっして多くはない資産だとしたら、世間の風潮に流されて無理に行動を起こす必要はありません。まず間違いなく**費やした時間とエネルギーに見合うような成果は得られないし、それどころか逆に減らしてしまう可能性だって**大いにあります。そうなったらストレスは半端ではありません。

お金は魔物だとよく言います。苦い経験を踏まえて、昔の人はことわざという形で大切な教訓を残してくれました。「お金の運用」という言葉に惑わされそうになったら、あらためてこのあたりのことわざを暗唱して、その教えを胸に刻みましょう。

「骨折り損のくたびれ儲け」「安物買いの銭失い」「悪銭身につかず」……。あと、「武士は食わねど高楊枝」も大切ですね。

洋服にシミやシワがあってもオッケー

そもそも、話している相手が洋服にシミやシワを付けているからといって、「ダメな人だなあ」「コイツ、どれだけだらしないんだ」とマイナスの評価を下すことがあるでしょうか。「ある」と答える人は極めて少ないと推察します。

白いシャツにカレーが飛び散ったシミが付いていたら、「ああ、カレーうどん食べちゃったんだな」と**微笑ましく思う**でしょう。ワイシャツに多少のシワがあっても、せいぜい「ああ、忙しいんだな」と**同情するぐらい**です。

しかし、私たちは洋服にシミが付いたり、シワがあったりすると、この世の終わりみたいな気持ちになりがち。多くの人は「うわー、シミが付いちゃった」とか「シワが寄ってて恥ずかしい」と、言い訳がましく大騒ぎしてしまいます。

洋服にシミやシワは付きもの。無理に遠ざけようとする必要はありません。シミやシワを気にしない生き方と、いちいち大騒ぎする生き方。さて、どっちがカッコ悪いでしょうか。どっちが無駄な苦労を背負《しょ》い込んでいるでしょうか。

試食したからといって買わなくてもオッケー

デパ地下や物産展を歩いていると、たいてい「よかったらどうぞ」と試食や試飲を勧められます。相手は、親切で言ってくれているわけではありません。買ってほしいからという前提を考えると、食べたり飲んだりしてから断るのは勇気がいります。

しかし、イマイチな味だったのに、カッコつけて「じゃあ、1つください」と言ってしまうのは、いかがなものでしょうか。無理して買って帰ると、まず間違いなく、冷蔵庫やキッチンの棚の中で長く放置され続けることになります。

店員さんだって買ってもらえたら嬉しいけど、買わなかったからと言って、心の中で「このクソオヤジ」と罵倒するほどヒマではありません。**しょせん、すぐ忘れられてしまう行きずりの関係**です。勝手にうしろめたさを覚えていないで、「ありがとう、ごちそうさまでした。ちょっと考えて、また来ます」

そう言って、さわやかに立ち去りましょう。試食しても買わないという行為は、余計なしがらみを捨て去り、人生を軽やかに歩んでいく訓練にもなります。

年中行事はスルーしてオッケー

日本には暦に合わせた年中行事がたくさんあります。いや、きっとほかの国にもたくさんあるんでしょうけど。

「年中行事を大事にしよう」というプレッシャーは、このところどんどん強まっていますす。昭和のころは、たとえば1月7日の七草粥《がゆ》にしても、名前は知っていましたけど食べたことはありませんでした。スーパーやコンビニで「七草粥セット」などがあたり前のように並ぶようになったのも、わりと最近の話です。

おかげで、七草粥にせよ彼岸のおはぎにせよ冬至のカボチャにせよ、食べないと微妙なうしろめたさを覚えなければなりません。初詣や墓参りも、だんだん**「するのが当然」という世の中全体の圧力が高まってきています。**

はたして、無理をしてまで年中行事をがんばる必要があるでしょうか。季節を感じたりちょっとした非日常感を味わったりという楽しさは、たしかにあります。しかし、せっせと年中行事をこなす最大の目的は、「自分は年中行事をきちんとできる立派な生き方をしている」というプライドを満たすため。

そういう自分であり続けたいなら、面倒くさいという気持ちを抑えつけて、せっせと実行するのもいいでしょう。きちんとこなすことで、気にしてなかったりサボっていたりする側に「ダメなヤツらだ」と軽べつの目を向けることもできます。

さっき私は「昭和のころは七草粥を食べたことがなかった」と書きました。それを読んで「いやいや、自分は食べてたぜ」と得意げな気持ちになった方も少なくないでしょう。どうぞ「年中行事の大きな喜びの1つ」を存分に味わってください。

年中行事は、日々の生活や人生に彩りを添えてくれます。先人たちが培ってくれたありがたい生活の知恵であるのは確か。しかし、忙しかったり面倒くさかったりする中で、義務感でこなそうとするのは本末転倒です。

言ってみれば「遊び」ですから、楽しめそうなら大いに楽しめばいいとして、気が進まなければスルーしたってなんの問題もありません。見栄やプライドのためにやるくらいなら、**「自分の判断でスルーできるオレ」にプライドを覚えたほうがマシ**です。

そういえば、バレンタインデーという年中行事もありますが、あれはかなり廃れてくれました。念を入れて積極的にスルーすることで、心の平和を保ちましょう。

糖質&カロリーは気にしすぎなくてオッケー

ラーメン屋なり町中華なりに行くと、目の前に食べ物が出てきた途端「うわ、糖質の量がすごそうだな」などと言うヤツがいます。そういうヤツは、食べ終わったときも「うまかったけど、カロリーを考えると怖いよね」とかなんとか言いがち。

「糖質やカロリーを気にするなら最初から来るな！　サラダだけ食べてろ！」

実際は口にはしませんが、そう叫びたい気持ちになります。

そういえば私が高校生時代、放課後に教室で文化祭の準備かなんかをしているとき、クラスメイトの女子たちが「太っちゃう、太っちゃう」と言いながら、スナック菓子の袋を次々に空にしていました。あのときも「だったら食べなきゃいいのに」と思ったものです。今思えば〝背徳の味〟を楽しんでいたのでしょうか。

自分が口に入れるものに関心を持つことは、とても大切です。お医者さんから「体重を落とさないと死ぬよ」と警告されている場合は、真剣にダイエットに取り組んだほうがいいでしょう。

脱力する快感

しかし、糖質がどうのカロリーがどうのと大騒ぎしたり、食事のたびに激しい罪悪感を覚えたりしても、結局は食べてしまうんだったらなんの意味もありません。女子高生の「太っちゃう、太っちゃう」と同じです。

いつしか世の中の「健康志向」は極限まで高まってきて、私たちは常に「健康に注意を払わなければならない」というプレッシャーを覚えるようになりました。糖質だのカロリーだのと口に出さなくても、心の中ではけっこう気にしています。

はたして、気にしたところで何かいいことがあるのでしょうか。「食べる喜び」という人生におけるけっこう大事な幸せを目減りさせてまで、糖質やカロリーを気にする必要はあるのでしょうか。しかも、気にするだけで摂取する量を大幅に減らすわけでもないのに。**それは食べ物にも失礼なのではないでしょうか。**

糖質やカロリーを気にしすぎるのは、もうやめましょう。無理に自分にプレッシャーをかけて、それで何か有益なことをしていると錯覚しても仕方ありません。わざわざ人生を窮屈にするだけだし、むしろ健康に悪い可能性も大です。

かといって、暴飲暴食は控えたいもの。「ちょうどいい加減」を目指すのは難しいですね。その第一歩は、物事をいい加減に捉えること……かもしれません。

マナーの「常識」は無視してオッケー

もはや昔話ですが、「ライスはフォークの背に乗せて食べる」というのが、レストランにおけるマナーの常識でした。それを知らないと「時代遅れの野蛮人」扱いされたものです。おかげでファミレスや街の洋食屋さんといったカジュアルなお店でも、多くの人はせっせとそうやってライスを食べていました。

ところがいつのころからか「そんなマナーは本場には存在しない」「そんな食べづらい食べ方をする必要はない」という声が聞こえ始めます。

考えてみたら、西洋ではライスを主食として食べるわけではありません。食べたとしても日本の「ご飯」とは別物です。想像ですけど、「ライスはフォークの背に乗せて食べる」なんてマナーは西洋には存在していなくて、日本に西洋料理が入ってきたときに、誰かがもっともらしく提唱し始めたのでしょう。

「マナー」というのは、**相手への気配りや敬意を形にしつつ、自分がアヤしい人物でないことを示す**ためのもの。どっちが上座とか名刺は両手で受け取るとか、いろいろな「常識」があるおかげで、そのあたりが伝わりやすくなります。

「ライスはフォークの背に乗せて食べる」というマナーも、便利だったがゆえに広まった一面もあるでしょう。そうするだけで、その場の雰囲気を大切にしたいという気持ちを表現したり、自分がちゃんとした人間であることを示したりできます。

ただ、マナーを守る目的やマナーの便利さを承知してさえいれば、無理に形にこだわる必要はありません。「こうするのが常識」「これが正しい」を気にしすぎると、往々にして本末転倒なことになります。

「正しいマナー」とは何か。有名な「女王のフィンガーボウル」の逸話があります。ある国の貴族を招いての食事会で、マナーの常識を知らなかった客が、手を洗うためのフィンガーボールの水を飲んでしまいました。女王は客に恥をかかせないように、同じようにフィンガーボールの水を飲みました。と、そういう話です。

相手への気づかいがあれば、たとえ常識を逸脱していても、それが「正しいマナー」にほかなりません。**常識的な形にこだわらずに肩の力を抜いて接したほうが、**心地よい時間を過ごせるし、心地よい関係を築けるでしょう。「マナーの常識を知らないのか！」と怒るような人とは、無理に付き合わなくてもぜんぜん大丈夫です。

「いいね!」やコメントがつかなくてオッケー

たくさんの「いいね！」やコメントをもらうのは、ＳＮＳの楽しみであり励みでもあります。しかし、いつの間にか中毒状態になり、もっとたくさんの「いいね！」やコメントをもらうことが、ＳＮＳの目的になってしまうことも。

そうなると、街を歩いているときもお酒を飲んでいるときもネットニュースを見ているときも、無理やり「ウケそうなネタ」を探してしまいます。面白ネタを探しているぶんにはまだ平和ですが、同好の士からの「いいね！」やコメントが気持ち良くて、**刺激の強い極端な考え方にのめり込んでいく悲劇もあとを絶ちません。**

とは言っても、ＳＮＳをやっている限り、「いいね！」やコメントを期待してしまうのが人情。いつもよりたくさんもらえば、満足感や達成感を覚えます。そんなホンネを自覚しつつ、うっかり中毒にならないために、意識的に『「いいね！」やコメントなんて欲しくない！』と自分に言い聞かせましょう。

無理のあるウケ狙いをやめることで、ＳＮＳの支配からやっと少し逃れられます。

髪型は変えなくてオッケー

年齢を重ねると、髪型を自発的に変えるつもりはなくても、**不可抗力で自然に**変わっていくことがあります……。それはまあ、仕方がありません。そういう理由以外で「オレも年相応の髪型にしたほうがいいかな」と思うのは、たんなる気の迷いです。

いくつになろうが、**長いあいだ慣れ親しんだ髪型がいちばん。**自分も髪型のことで頭を使わなくていい（まさに文字どおり）からラクチンだし、周囲だって見慣れた顔つきでいてくれたほうが戸惑わずに済みます。

魔がさして無理に髪型を変えると、「似合ってるかな」と気になったり「誰かなんか言ってくれないかな」と期待したりなど、たくさんの邪念が渦巻きます。しかも「劇的にモテるようになるかもしれない」といった妄想を抱いてしまうことも。当然、ただの妄想でしかないので、小さくガッカリする羽目になります。

髪の毛の事情が許す限り、今のままの髪型で突き進みましょう。「年齢的に違和感がある髪型」に見えてきたとしたら、それはそれで強烈な個性になります。

旅行は無計画でオッケー

「どんな情報でも簡単に手に入る（気がする）」という状況は、とても不幸です。

行ったことがない有名観光地に行くことになったとしましょう。私たちはネットやスマホを使って、目的地の周辺にどんな見どころがあるか、どんなお店や施設があるか、どんな名物があるかなど、たくさんの情報を集めてしまうのが常。

行きたいところ（誰かが「行くべき」と決めたところ）の洗い出しが済んだら、今度はスケジュールの作成です。「せっかく行くんだから」と張り切って、けっこう**ミチミチのスケジュールを組みがち。**

たとえば京都を旅行するとして、1泊2日で10のお寺を慌ただしく回るのと、2つか3つのお寺をゆっくりじっくり回るのとでは、どちらが楽しくて思い出に残る旅行になるでしょうか。どちらがより「得」でしょうか。

「たくさん回ったほうが得に決まってる」と言い張る方もいるかもしれません。しかし、10のお寺を回ったところで、京都にあるお寺のごくごくごく一部です。「ほとんど訪れることができない」という点では、2つか3つを回るのと大差ありません。

同じことは、どこの観光地でも言えます。旅行はチェックポイントを巡るスタンプラリーではありません。有名スポットを見逃しても名物を食べそこなっても、それは縁がなかっただけ。「なるべくたくさん網羅しないと、もったいない」と思うこと自体が、スタンプラリーの価値観を前提にしています。

もしかしたら私たちは、いくつになっても「修学旅行の呪い」にかかっているのかも。修学旅行はいちおう勉強のための旅行なので、無理をしてたくさんの要素を詰め込む必要があります。大人になった今、その呪いを振り払いましょう。

異論があることは承知で断言しますが、計画は必要最小限にしておいて、行ってから「さて、どうしよう」と考えたほうがはるかに楽しく実り多い旅行ができます。

次の予定やこなすべきタスクに追われ続けていたら、街角の風景や住んでいる人の会話、土地の匂いといった**「そこに行かないと得られない大切な情報」**は察知できません。面白そうな場所を見つけても、素通りする羽目になります。

計画を立てず、なるべく情報も集めないことで、たまに行く「せっかくの旅行」を最大限に満喫しましょう。

意識は高くなくてオッケー

「意識が高い」は、いつの間にか半笑いを招く言葉になってしまいました。本来は、向上心や好奇心があって何事にも積極的で新しい情報にも敏感で常に努力を怠らないという「いい意味」の言葉だったはずです。

ところが、2000年代の後半ぐらいに「意識高い系」という言葉が登場したおかげで、雲行きがアヤしくなってきました。たしかに「意識高い系」という言葉が当てはまる人たちは、**学生にせよ社会人にせよ、痛々しさに満ちあふれています。**

口先やSNSで自分をアピールすることに余念がなく、薄っぺらい知識や一方通行の人脈を自慢し、無駄にカタカナ語を多用する——。周囲の人は「この人は自分に自信がないいんだなあ」「コンプレックスを抱えているのかなあ」とちょっと気の毒に感じながら、生あたたかい目を向けてしまいます。

本当に「意識が高い人」になるのは容易ではありません。しかし「意識高い系」ならすぐになれます。お手軽に自分を盛りたいニーズに応えて、あちこちで「意識高い系」が増殖したおかげで、ほんとはいい意味であるはずの「意識が高い」という言葉も、すっかりとばっちりを受けてしまいました。

一方で、なんの努力も勉強もする気がない人が「意識高い系」という言葉を悪用するケースもあります。困難に挑戦している人や仕事をきちんとやろうとしている人を「あいつは意識高い系だから」と嘲笑して、怠惰な自分を正当化してしまう――。たとえ空回りでも「意識高い系」のほうが１００倍マシです。

いろいろややこしい状況になっていますが、そもそも「意識」などというつかみどころがない、それでいて自分で勝手にアレンジできるものにすがろうとするのが間違いの元。無理に「高くしよう」と思った時点で、ウソ臭さが紛れ込みます。

しかも、**SDGsとかサステナブルとか、いかにもウソ臭い流行りのキーワードにも飛びつきがち。**ちょっとした努力や聞きかじった知識を自慢したりエラそうにご高説を垂れたりといった誘惑を振り切るのも、じつはけっこう至難の業です。

「ちゃんとした人になりたい」という向上心は大切ですが、何はさておき意識を高くしようとするのは逆効果。なるべく低くゆるくを心がけながら、まずはせっせと行動しましょう。必要と実態に応じて、あとから意識も高くなってくるはずです。

職場へのお土産は買わなくてオッケー

「この『○○に行ってきました』でいいか。うーん、ありきたりかな。だけど、こっちの『どこそこホテルのシェフ監修』は、ちょっと高いしなあ」

今日もあちこちの駅の売店で、あるいは高速道路のサービスエリアで、たくさんのビジネスパーソンが、職場へのお土産選びに頭を悩ませていることでしょう。

出張や帰省や旅行に行ったら、同じ部署のメンバーにお土産を買っていくのが暗黙の了解になっている職場は、今でもたくさんあります。

出費を強いられるだけでなく、**ちょうどいい値段のちょうどいいお土産を選ぶのは簡単ではありません。**ありきたりすぎるものだとセンスが疑われますが、洗練されすぎたチョイスの場合も「気取りやがって」という印象を与えそうです。「みんなに『美味しい』と言わせたい」なんて欲を出したら、ますますやっかい。綿密にリサーチしたり足を延ばして有名店に寄ったりなど、多大な労力がかかります。

もらう立場になったときも、たいして嬉しくはありません。美味しくなくても、お礼とホメ言葉は必須です。時には「△△課長のお土産です」と付箋が貼られたまま、部署の隅でぜんぜん減らずに放置されることも。いたたまれなさに耐えきれず、1つほおばって誰に言うともなく「うまいね、これ」と呟《つぶや》いたりして……。

なぜ職場にお土産を買っていくのか。かつては「職場＝家族」だったし、箱に入ったお菓子が「ぜいたく品」として手放しで歓迎されました。もはや失われた時代の名残りを今に伝える以外の意味はない、みんなを困らせる旧弊になっています。

次の出張や帰省のときは、勇気を出してお土産をやめてみましょう。ただし黙ったままだと、周囲が「忘れたのかな」などと気を揉《も》みそうです。自分も落ち着いて座っていられません。タイミングを計りつつ、あえて大きめの声で、

「お土産は買って来なかったけど、もう、そういうのはなくていいよね」

と、高らかに宣言しましょう。職場全体がホッとした空気で包まれ、全員が安堵《あんど》した表情になるはず。心の中で拍手を送ってくれるだけでなく、「そうですよね、いりませんよね」と明確に賛同してくれる同僚が現れる可能性は大です。

これも立派な職場改革。重い肩の荷が下りた同僚に深く感謝されるでしょう。やがて別の部署に異動になったとしても、職場に大きな置き土産を残せます。

よその子どもの名前は覚えなくてオッケー

友だちや同僚が「謙吾君も大きくなっただろうね」などと、自分の子どもや孫の名前を覚えていてくれるのは、とても嬉しいもの。それはわかっているだけに、相手の子どもや孫の名前も「覚えておかなきゃ」と自分に言い聞かせます。

しかし、正直に言えば、特に興味がないよその子どもの名前なんて、簡単には覚えられません。かといって、何かの拍子に子どもの話題になった際に、ストレートに名前を尋ねるのははばかられる空気が漂います。

いつの間にか覚えてしまうことはありますが、無理してよその子どもの名前を覚えようとがんばらなくても大丈夫。覚えられないのはお互いさま。そういう話の流れになったときには、腹を括《くく》って、**素直に「なんて名前だっけ？」と尋ねましょう。**

よっぽど自分本位なタイプじゃない限り、覚えていてくれたら嬉しいけど、忘れられるのがあたり前と認識しています。もし「忘れたのかよ！」と文句を言われたとしたら、それは相手が図々しいだけ。申し訳なく感じる必要はありません。

賞味期限にしばられなくてオッケー

人生は「締め切り」の連続です。ただでさえ締め切りだらけなのに、日々「賞味期限」という締め切りを気にするのは、あまりにも虚しいと言えるでしょう。

しかも「賞味期限」はあくまでも「品質が保たれ、美味しく食べられます」という目安に過ぎません。メーカー側は念のために短めに設定しているので、ちょっとぐらい越えたって味も品質もぜんぜん大丈夫です（こう言うと怒る人がいそうですけど）。よっぽど問題がある場合は、食べる時点で「これは危ない」と気づくはず。**自分の舌と勘を信じましょう。**

「もう賞味期限は気にしない」と心に決めれば毎日がラクになるし、自分で責任を背負うすがすがしさも味わえます。

さらに踏み込んで「本当に美味しくなるのは、賞味期限を越えたときから」と自分に言い聞かせるのがオススメ。そうすることで食べ物はもちろん、**異性に対する見方**に深みと広がりが出るし、自分自身に対しても自信や希望が湧いてきます。

デートではお金をかけなくてオッケー

何かのはずみで久しぶりに「デート」というシチュエーションになった際、中年男性は「それなりにお金をかけなければ」と思ってしまいます。めったに機会がないからか、**いまだに雑誌のデートマニュアルの呪縛から逃れられない**のか……。

さすがにフレンチのフルコースを予約したりはしませんが、落ち着いた雰囲気の日本料理店や、回らない寿司屋、あるいは老舗《しにせ》の洋食屋といった「ちょっと高い店」を選びがち。いつもは行かないので、ネットのグルメサイトを半日ぐらいウロウロして「この店がいいかな」「やっぱりこっちかな」と吟味を重ねます。

身に覚えがある人は、過去のデート体験を数十年単位で思い起こしてみましょう。高めの店を選んで、相手の女性が「まあ、素敵なお店を知ってらっしゃるのね」とウットリしてくれたことは、たぶん一度もなかったはず。頭に浮かぶのは、居心地が悪くてギクシャクした時間が流れて、当然仲良くもなれなかった記憶ばかりです。

まして中高年になった今、お金をかけたデートをしても、いいことは1つもありません。相手の女性がそれなりに年齢を重ねている場合、こっちの魂胆は完全に見透かされているし、高めのお店で一生懸命に慣れているっぽく振る舞っても、心の中で「無理しちゃって」と思われるだけです。

そこそこ若い女性とのデートの場合も、高いお店だからといって尊敬や憧れの目を向けてもらえると思ったら大間違い。むしろ「お財布」としての立ち位置が明確になり、**気合いを入れている痛々しさが浮き彫りになるばかり**です。

悲しい話を念入りにしてしまいました。「オレは違う」「自分は大丈夫だ」と言い張りたい方は、そのまま生きていくのもいいでしょう。夢を持つのは素敵なことです。

現実に目を向けて、楽しく実り多いデートを望むなら、無理してお金をかけてはいけません。いつも行くようなお店、伸び伸びと振る舞えるお店に行ったほうが、話が弾んで相手にもリラックスしてもらえるし、確実に距離を縮めることができるでしょう。縮まらないこともありますが、それは縁がなかったということです。

お金をかけたデートよ、さようなら。お金をかけないデートよ、こんにちは。しかも、無理してお金をかけなければ、縁がなかった場合の財布と心のダメージも最小限に抑えられます。

積極的にダラダラしてオッケー

遅く起きた日曜日。部屋でYouTubeを見ながら過ごしていたら、テレビで「笑点」が始まりました。日が暮れて、あるものを適当に食べて、お酒も少し飲んで——。そんな1日を過ごした日は、寝る前に「ああ、今日は丸1日何もしなかった……」と、激しい自己嫌悪にさいなまれずにはいられません。

私たちは「何もしない無為な時間」を過ごすことが苦手です。子どものころに教わった「時は金なり」という言葉に呪われているのでしょうか。時間割で行動するクセが、カラダに染みついているのでしょうか。

仕事中にダラダラしてばかりいたら、間違いなく怒られるでしょう。怒る立場の人がいない場合も、自分を責めてしかるべき状況です。ただ、わき目もふらずに集中し続ければいいわけではありません。適度な休憩や気分転換は必要です。

それはわかっていても、休憩という「何も生み出さない時間」を過ごすことに、小さなうしろめたさを抱きがち。「きちんと休憩することによってむしろ能率が上がるんだ」と、念入りに自分に言い聞かせたりします。

たんにサボっている言い訳の場合も多々ありますが、どのぐらい休憩が必要かは人によってさまざま。そこも含めてその人のペースであり能力なので、いつも長めの休憩を取りがちな自分を責める必要はありません。……あれ、これも言い訳かな？

それはさておき、私たちは休みの日にも無理に予定を入れようとしたり、旅行のときも無理にツメツメのスケジュールを組んだりしがち。「何もしない無為な時間」を減らすことで、「充実した人生」を手に入れようとしています。

何もせずにダラダラするのは、そんなに悪いことでしょうか。**ダラダラしているあいだは「ダラダラする」という行為を成し遂げています。**ダラダラしている時間も、趣味に熱中したり友だちや家族と楽しく過ごしたりしている時間も、人生において同じぐらい価値や意味があると言っていいでしょう。

ダラダラしている時間があるからこそ有意義な時間がより輝いて……いや、そんなふうに「有意義至上主義」に引きずられて、無理に意味を見出すのはダラダラに失礼です。人間はダラダラするために生まれてきたと言っても過言ではありません。もっともっと積極的にダラダラして、ダラダラしている時間を満喫しましょう。

「マニア」にならなくてオッケー

趣味は人生を豊かにしてくれます。楽しく生きるうえで、趣味は大きな力になってくれるでしょう。趣味とまでは言えなくても、昭和歌謡を聞いていると幸せとか銭湯めぐりが楽しくてたまらないとか、誰しも「好きなこと」の1つや2つはあります。

そもそも「趣味」と「好きなこと」の境目はどこにあるのか。

「料理をするのは（or旅行に行くのは）好きだけど『趣味』というほどでは……」

私たちはそんな調子で、好きなことがあっても「趣味」と呼ぶのはおこがましいという気持ちを抱きがち。部屋に来た友人に、

「すごい量の本だなあ。読書が趣味なんだね」

と言われても、口ごもりながら「いや、趣味というほどでは……」と返したりします。実際は本を買うのが大好きで、多くの時間を読書に費やしているとしても。

いつの間にか「趣味」は、とてもハードルが高い定義になってしまいました。かつてお見合いの席で「ご趣味は？」「油絵を少々」なんてやりとりしていたころのように、

気軽に「〇〇が趣味です」と言える雰囲気はもうありません。

それはきっと、いろんなメディアを通じて、さまざまなジャンルの「マニア」、それも半端じゃない極端な「マニア」が紹介されまくっているから。そういう「どうかしてる人たち」を見慣れてしまったせいで、けっこうハマっていても「自分ごときがそれを趣味と呼ぶなんて許されないだろう」と思ってしまいます。

一方で「趣味は〇〇です」と言う資格を得るために、「もっとマニアにならなければ」というプレッシャーにさいなまれることも。必要以上にディープな知識を大量に仕入れたり、「楽しみ」を超えたのめり込み方をしてみたり……。

ただ、無理して「マニア」になろうとすると、**同好の士に対してスキあらばマウントを取るようになりがち。**しかも、せっかくの「好きなこと」なのに、義務感に追い立てられて膨大なエネルギーを費やす「苦行」になってしまいます。

どこかから聞こえてきそうな「その程度で『趣味』とは片腹痛いわ」というダメ出しにおびえる必要はありません。がんばってマニアになんかならなくても、ぜんぜん大丈夫です。ちょっと好きなことは堂々と「趣味は〇〇です」と言いましょう。大きな声では言えない、秘密の「趣味」の場合はさておき。

謎のカタカナ語は意味を聞いてオッケー

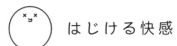

「プライオリティやメリデメから考えてアグリーできませんね。そもそもエビデンスのコンセンサスがダイバーシティで……」

ここまでのカタカナ語野郎は、さすがにいないでしょう（意味もデタラメです）。しかし、謎のカタカナ語をくり出して、得意げな顔をされるケースはよくあります。

無理に知っているフリをする必要はありません。さらっと「ごめん、そのエビなんとかってどういう意味？」と聞いてもぜんぜん大丈夫です。

意味がわからないまま話が進んでいったら、致命的なミスをしてしまうかもしれません。仮に相手が「えっ、知らないんですか」と小バカにしてきたとしても、せいぜいその程度の話。それに、そんなことで**人を見下して勝った気になってるヤツにどう思われようと、痛くもかゆくもありません。**

わからないことは素直に教えを乞《こ》い、1つ賢くなってしまいましょう。聞いたときの反応で、相手の人となりや仕事の力量がわかるというオマケも付いてきます。

食べ物の好き嫌いは克服しなくてオッケー

「食べ物の好き嫌いはいけない」というのは、疑う余地のない〝真理〟とされています。子どものころは親からさんざん「好き嫌いはいけません」と言われ続けてきたし、大人になってからも「好き嫌いを減らさなければ」と思い続けてきました。

にもかかわらず、いくつになっても「これは苦手」という食べ物はあります。今となっては誰にも「食べなきゃダメ」とは言われませんが、「無理して食べたほうがいいかな」「嫌いなものがあるのはよくないよな」と思ってしまいがち。

もうそろそろ、あきらめてもいいんじゃないでしょうか。1つ2つ食べられないものがあっても、栄養が足りなくなるわけでも、寿命を縮めるわけでもありません。「自分は○○が食べられないまま生涯を終えよう」と心に決めましょう。

そうすれば、何かの拍子に罪悪感を覚える必要もありません。「自分は好き嫌いはまったくない」と威張っている人だって、アザラシの内臓に海鳥を詰めて発酵させるような料理を喜んで食べる自信はないでしょう。そう考えたら、似たり寄ったりです。

お酒の種類は人に合わせなくてオッケー

「じゃあ、オレもとりあえずビールで」

飲み会の始まりで、特にビールが嫌いじゃないなら、人に合わせておくのがラクチンです。ビールが苦手な場合は、無理に合わせることはありません。いきなり日本酒やウイスキーを頼むもよし、カシスソーダやジンなんとかを選ぶもよし。

ビール以外を頼もうとすると「出てくるタイミングが違うから、なかなか乾杯できないじゃないか！」と苦言を呈する人がいます。ただ、**たいていの場合はいっしょに持ってきてくれる**ので、そこは気にしなくても大丈夫。ビールで揃えたとしても、いっぺんで運び切れずに何度かに分けて到着する場合もあります。

しかし、実際は乾杯に影響しないとしても、そして誰も気にしてなかったとしても、「ビール以外を頼んだら、心の中で舌打ちされるんじゃないか」という心配がなくなるわけではありません。そういうことが気になって仕方ない性分なのに、がんばって「自分がいちばん飲みたいものを飲む」という道を選択すべきなのか。

ストレスの少ない日々をおくるうえで大切なのは、自分にとっての優先順位を付けることです。人に合わせてそれほど好きじゃないお酒を選ぶのがストレスなら、いちばん飲みたいお酒を選びましょう。それよりも他人の冷たい視線（ほとんどは妄想ですけど）が気になるなら、周りに合わせてもぜんぜんかまいません。

宴もたけなわになってからのお酒選びも同じ。「じゃあ、みんなでボトルの焼酎にしようか」という提案に乗れば、それから先は次に何を飲むか考えなくてもいいし、なんとなく連帯感や一体感も感じられます。「いや、オレは日本酒にするよ」と言えば、同調圧力に負けずに我が道を歩き通した満足感を得られます。

この項のタイトルは「お酒の種類は人に合わせなくてオッケー」ですが、同時に言えるのは「お酒の種類は人に合わせてもオッケー」ということ。自分にとって無理のないほうを選びましょう。それが自分にとっての「ベストな選択」です。

そして、いちばん大事なのは「合わせなくてよかったのかな」とか「合わせてよかったのかな」と疑問を持ったり、「合わせればよかった」とか「合わせなければよかった」と後悔したりしないこと。性分やポリシーに関わらず、**すべての人に当てはまる正しい結論は「どっちでもいい」**です。

空気は読まなくてオッケー

その昔、『「空気」の研究』という本を読んで深い感銘を受けました。酸素や窒素《ちっそ》がどうのといった、空気の成分の話ではありません。評論家の山本七平《しちへい》さんが、日本社会を覆う「空気」の正体を鋭く考察した内容です。

「ＫＹ」という言葉が流行したのは、２０００年代後半でした。「Ｋ＝空気」「Ｙ＝読めない」で、空気が読めないという意味。誰かの噂話で「あいつＫＹだよね」と悪口を言ったり、面と向かって「このＫＹが！」と責めたりするときに使います。

この言葉は「空気が読めない＝ダメ」が大前提。山本七平さんが批判的に指摘した日本社会の特徴が、見事に体現された流行語と言えるでしょう。一方「ＫＹ」が話題になったことで、**常に空気を読んでしまう悲しさや同調圧力のうっとうしさ**が、あらためて浮き彫りにされました。

ちなみに、建設現場で「ＫＹ」と言えば「危険予知」のこと。相手の不注意や手抜きを指摘しづらい雰囲気が事故を生むとも言えるので、空気を読まないことと危険予知とは、じつは深くつながっていると言えるでしょう。

私たちは多くの場面で、空気を読んで意見や行動を決めています。空気を正確に読めることに一種の誇りを覚えることもあれば、そんな自分に嫌気がさすことも。空気というつかみどころのない相手と、極めてややこしい付き合い方をしています。

空気を読みまくって空気に従って生きていくのは、無難かもしれませんが面白くはありません。日々、不満やモヤモヤを抱えることにもなるでしょう。

会議の場で「それはやめたほうがいい」と思うプランが通りそうな空気になっているときに、1人だけ反対意見を言うのは勇気とエネルギーがいります。ただ、会議では黙っていたのに、そのプランが失敗してから「オレは最初から反対だったんだ」と言い出すのはみっともない所業。何重もの意味で空気に毒されています。

空気に無理に抗うのは、容易ではありません。かくなる上は、最初から「読まない」という作戦で行きましょう。意見を言うときだけでなく、自分がやりたいことや進みたい道も、空気を読んで「笑われたらイヤだな」と自粛する必要はありません。どうせ目に見えないんですから、最初から気にせず自分を貫きましょう。

「KY」は、たぶん「気にするのはよせ」の略でもあります。

SNSで自分を盛らなくてオッケー

ツイッターにせよフェイスブックにせよインスタグラムにせよ、いわゆるSNSは、一生懸命にがんばってやればやるほど自分に無理を強いることになります。

無理を強いる方向は、SNSの種類によっていろいろ。ツイッターでは「**舌鋒《ぜっぽう》鋭い自分**」や「**正義感あふれる自分**」を強調している人をよく見かけるし、フェイスブックでは「**充実した毎日を送っている自分**」や「**何事にも前向きな自分**」が目につくし、インスタには「**感性が豊かで素敵な私&オレ**」があふれています。

望む方向に自分を盛って「なりたい自分」「見られたい自分」を疑似体験させてくれるのが、SNSのありがたいところであり怖いところ。やがて盛っていることに無自覚になり、都合よく盛った状態の自分を「本当の自分」と錯覚してしまうケースも少なくありません。

そこまでいけば、周りからどう見えるかはさておき、本人としては幸せです。ただ、自分の中身や環境が変わったわけではないので、随所で「こんなはずでは」と感じて、ますます自分を盛ることに力が入るという悪循環に陥りがち。

多くの人はそこまで無自覚にはなれず、しばしば「ああ、また盛っちゃった……」と小さな胸の痛みを覚えることになります。突き詰めて考えると、ＳＮＳにおける自分像とは違う、現実のサエない自分をシビアに見せつけられることにもなりますが、そこは上手に自分の姿から目を逸らしている人がほとんど。目に入ってしまう人は、ＳＮＳから離れていきます。

ＳＮＳはそんな恐ろしい一面を持ってはいますが、無理に自分を盛りさえしなければ大丈夫。いろんな人とつながる楽しさを手軽に味わえたり、連絡を取りたい相手にすぐ連絡を取れたり、ちょっとしたヒマつぶしができたりなど、人生を適度に盛り上げるツールとして活躍してくれます。

やっかいなのはＳＮＳではありません。つい自分を盛ってしまう自分自身です。背伸びした自分を見せても疲れるだけ。そもそもつながっている側は「無理してるなあ」と感じるだけで、本気で「なんて素敵な人だろう」などとは思いません。

「ありのままの自分を見てもらえばいい」と開き直れば、どんな種類のＳＮＳも格段に楽しくなるはず。そのほうが、つながっている人との距離も縮まります。

最先端の音楽はチェックしなくてオッケー

84ページのカラオケの話にも通じますが、私たちは漠然と「新しい音楽もチェックしなければ」と思い込んでいます。たしかに10代20代のころは、マニアックである必要はないにせよ、いちおう「最先端」を聴いておかないと世間話もできませんでした。

しかし、あらためて考えてみて、今の自分にとって新しい音楽の知識はまったく必要ありません。ここ10年、そんな話題で世間話をしたことなんてないはずです。だいいち、**無理して聴いたところでまったく心を揺さぶられません。**むしろ不愉快になるばかりです。

もはや古い話になりますけど、音楽の話題としてではなく社会ニュースとして『うっせぇわ』が注目されたことがありました。そういうのはいちおう聴いてみるとしても、したり顔で話のネタにしようとすると、タイミングが遅すぎたり1００万回ぐらい聞いた若者批判になったりして、むしろ恥をかきます。

最先端の音楽なんて知らなくて上等！　今ある知識だけで生きていきましょう。

お腹は出ていてオッケー

記憶をさかのぼると、私は小学校高学年ぐらいからずっと、自他ともに認める「ぽっちゃり」でした。大人になってからも「太め」として生き続けてきて、それなりの年齢になったら、当然のようにお腹が出てきました。

家族から「もっとヤセろ」「そのお腹はさすがにどうなのか」という声も聞こえてきます。しかし、いったん出てしまったお腹は、そう簡単には引っ込みません。無理に引っ込めようとすると、かなりの試練に立ち向かうことになります。

まあ、お腹が出ていてもいいんじゃないでしょうか。人によって出方に違いはあるものの、**中年になったらお腹が出るのは、いわば自然の摂理**です。髪の毛がだんだんフサフサになることはないし、女性のバストは重力に抗えなくなります。

お腹を無理に引っ込めようとするのは、自分に与えられた運命にケチをつけて自己を否定することにつながりかねません。出っ張ったお腹をなでながら「ありのままがいちばん」と呟きましょう。そんな**太っ腹な姿勢**こそが、幸せを招くはずです。

子育てはしんどいと思ってオッケー

子育ては、肉体的にも精神的にも、かなりしんどいことです。幼いころは幼いころなりに、成長してきたら成長してきたなりに、たくさん手がかかるし迷いや悩みもキリなく出てきます。子育ての多くの部分を担うことが多い母親はもちろん、父親は父親なりに、**子育てのしんどさを日々感じている**ことでしょう。

一方で、子育てには無限の喜びがあります。我が子の笑い声やかわいい仕草、幼いなりの嬉しい言葉が与えてくれる幸せは、言葉では言い表せません。そんなじゅうぶんすぎる〝見返り〟があるだけに、しんどさを口にしづらい雰囲気があります。

うっかりグチや泣き言をこぼしたら、「もっと子育ての喜びを感じなさい」と言われそうな気がするし（ヘタしたら配偶者から）、自分でも「しんどいと思うなんて、親として間違っている」と思いがち。その結果、しんどさから無理やり目を逸らしたり強引にフタをしたりしているケースは多いでしょう。

ただでさえしんどいのに、そこに無理を重ねたらたいへんなことになります。「しんどいと思ってはいけない」と自分に言い聞かせながら子育てをすると、どんな悲劇が待ち受けているのか。予想できる事態を並べてみましょう。

■「しんどいと思ってしまうのは、配偶者の協力が足りないからだ」と、配偶者を責めてしまう

■「しんどいと思ってしまうのは、自分が親として未熟だからだ」と、自分自身を責めてしまう

■「しんどいと思ってしまうのは、この子が言うことを聞かないからだ」と、我が子を責めてしまう

この3つの悲劇は、たいていダブルまたはトリプルで訪れます。配偶者に関しては、改善できることがあるなら、冷静に話し合って変えられることは変えていきましょう。責めたところで何も解決しないどころか、状況が悪化するだけです。

まして、自分自身や我が子を責めても仕方ありません。そうしたくなるのは、かなり追い詰められている証拠です。それもこれも「子育てをしんどいと思ってはいけない」と無理していることが原因。**「しんどいものはしんどい」と認めて、**どう立ち向かうかを考えましょう。それがしんどさを乗り越える第一歩です。

アップデートしなくてオッケー

パソコンのソフトやスマホのアプリは、どんどんアップデートしましょう。そのほうが快適で安全に使えます。しなくていいのは、頭の中身のアップデートです。

考え方を変えるという意味で「アップデート」が使われがちなのは、男女差別やセクハラといったジェンダーの問題や、結婚や出産や子育てに対する認識、あるいはLGBTQ関連の話題など。たしかに、この10年、いやこの5年で、こうしたことに関する世の中の〝常識〟は、大きく変わりました。

「女の子は早く結婚して子どもを産むのが幸せ」「ちょっとしたおさわりはコミュニケーションの一環」「同性愛って一種の病気だよね」なんて口にするオジサンを見つけるのは、**もはや森の中でオオクワガタを見つけるよりも困難**です。完全に絶滅したとは言い切れないのが、残念かつ申し訳ないところですが……。

オジサン自身も（オバサン自身も）、「怒られるから口にしない」ということではなく、その手の発言がいかに失礼で大間違いかをある程度は理解しています。ちょっと前までは「とんでもないこと」だった男性の育休だって、世の中全体が「取るのがあたり前」という意識になるまでに、そう長い時間はかからないでしょう。

時代状況に合わせて考え方を変えたり、己の無知や無自覚を反省して当事者の気持ちを理解しようとしたりするのは、大いにけっこうなこと。というか、やらなければなりません。ただ、それをアップデートと呼ぶのは、安直かつ危険です。

意識高い系の人たちが使うアップデートは、多くの場合「今の流行りの考え方に合わせる」という意味。もっともらしく聞こえても、それが「正解」とは限りません。キャパを超えた無理なアップデートがたたったのか、理屈にしばられてやたら攻撃的になるというバグを起こしている光景も、しばしば見受けられます。

また、とりあえずアップデートという言葉を使っておけば、じつはよくわかってなくても、**ちょっと的外れでも、自分が成長した気になれる**でしょう。他人の言葉尻を捉えて「アップデートできてない」と責めれば、成長の実感をより深く味わえます。そんな残念な光景を目にすることも、けっして珍しくありません。

頭の中は、ていねいにメンテナンスすればじゅうぶんです。アップデートという言葉のイメージが、早く「うさん臭い」という方向にアップデートされますように。

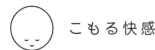

電車やクルマの移動は急がなくてオッケー

もしかしたら、新幹線やら都会の地下鉄網やら高速道路やら、移動手段がどんどん発達していった高度経済成長期の刷り込みでしょうか。私たちはどこかに移動するときは、**「少しでも早く着く方法で向かわなければ」と思い込んでいます。**

約束の時間が迫っていたり、スケジュールがキチキチで移動に使える時間が限られていたりする場合は、のんびりしてはいられません。もっとも早く着けるルートや交通手段で向かう必要があります。

しかし、特に急いでいないときでも、反射的にいちばん早く移動できる方法を選びがち。私がいつも使っているスマホの乗り換えアプリは、出発と到着の駅名などを入力すると「早（時間順）」「楽（回数順）」「安（料金順）」というタブが出てきます。それでいうと、常に「早」だけを見ている状態です。

たとえば都内の移動だと、最速のルートは距離が長い乗り換えを何回もしなければならない、なんてケースは少なくありません。しかも地下鉄の途中にＪＲがはさまると、料金も高くつきます。

最速だと30分のところ、ちょっと遠回りで35分かかる。でも地下鉄だけだから料金が安いし、乗り換えが1回だけ。そんな別のルートがあったら、どちらを選ぶのが賢明なのか。たとえ40分かかったとしても、後者に軍配を上げていいでしょう。

しかも、**電車に乗っている時間は、けっして「無駄な時間」ではありません。**本を読んだりスマホで連絡を返したりなど、やれることはたくさんあります。無理に急ぐより長く乗っているほうが、むしろ時間を有意義に使えるでしょう。

クルマの移動だって同じ。予定が詰まっているわけでもないのに、高速道路をフルに使って（フルに高速料金を払って）、急いで目的地に向かう必要はありません。高速道路で行くと、途中の町は完全に素通りするだけで、何も知らないままです。なんてもったいない。もう二度とそこは通らないかもしれないのに。

ＪＲの普通列車・快速列車限定の乗り放題フリーパス「青春18きっぷ」は、まさに**〝急がない快感〟**を味わわせてくれる切符です。機会を見つけて、無理をしていた自分との決別の旅に出るのもオツなもの。「もう急がない」と決めた途端、今までとは違う景色が見えてきて、知らなかった感覚を味わうことができるでしょう。

エスカレーターで「見えろ」と念じてオッケー

わざわざ覗き込んだら、それは犯罪です。駅などのエスカレーターで少し上に超ミニの女性が乗っているとき、どんなに「あと少し」だったとしても、絶対に体をかがめてはいけません。

断じてそんなことはしないとしても、しかも実際に見える可能性はほぼないとしても、心の中で「見えろ」と念じてしまうのが男性の悲しいサガ。念じてしまう自分にも見えなくて落胆する自分にも、自己嫌悪を覚えてしまいます。

だからといって、念じそうになった瞬間に「念じるなんて人として間違っている」と、無理やり気持ちを抑えつける必要はありません。まして「オレは念じるような男ではない！」と心の中で自分に言い張るのは、ちょっと危険です。

自分のダメな部分や恥ずかしい感情から目を逸らすクセがつくと、「聖人君子」なセルフイメージを守ろうとして、どんどん苦しくなっていきます。勇気を出して、きちんと凝視しましょう。いや、**そっちじゃなくて。**

食事中のトイレはガマンしなくてオッケー

「今すぐトイレに行きたい！」という欲求は、時と場合を選ばずにいきなり訪れます。そして、いったん訪れたらトイレに行くまで絶対に去ってくれません。

職場のメンバーや友人と食事をしている最中に、件《くだん》の欲求が訪れました。「ちょっと失礼」と立ち上がるのは、極めて勇気がいります。口に出して非難されることはないにせよ、内心「行儀が悪いヤツだな」と思われるかもしれません。

しかし、もろもろのマイナス面はありますが、トイレを無理にガマンし続けたほうが、はるかに大きくて深刻なマイナスに見舞われることになります。

食事の味はわからなくなるし、気もそぞろで会話どころではありません。「ちょっと失礼」と立ち上がるよりも、よっぽど念入りに悪い印象を与えるでしょう。万が一、とんでもない事態が起きてしまったら、とんでもないことになります。

無理にガマンせず、**あたり前のような顔で堂々と、それでいて静かにトイレに向かいましょう。**スッキリしてから楽しく食事を続ければ、なんの問題もありません。

幸せにならなくてもオッケー

「幸せとは？」と考えるときに外せないのは、ベルギーのメーテルリンクが100年ぐらい前に発表した童話劇『青い鳥』です。ご存じのとおり、チルチルとミチルの兄妹が謎のおばあさんに頼まれて、幸せの青い鳥を探す旅に出るお話です。

自分にとっての幸せの青い鳥はどこにいて、どうすれば捕まえられるのでしょうか。捕まえるためには、やっぱり無理をしなければならないのでしょうか。

幸せがどういうものかは誰にもわかりません。それでいて「誰もが幸せになりたいと願っている」「人生でいちばん大事なのは幸せになることである」という前提は、なんとなく共有されています。

念願かなって幸せになったとすると、どんないいことがあるのか。えーっと、少なくとも幸せは手に入ります。具体的にどういうことかは、よくわかりませんけど。逆に、いちおう幸せそうな状態になった場合に、どんな困ったことが起きるか。そっちはいくつか思い浮かびます。

■もっと幸せになりたいという欲望がどんどん湧いてきて、今の状況に強い物足りなさを覚える
■幸せを失って不幸せになることへの恐怖心がどんどん湧いてきて、幸せを味わうどころではなくなる
■幸せそうな人を見ると対抗意識がどんどん湧いてきて、自分のほうが勝っているという理由を探すことに忙しくなる

主に、こんなところでしょうか。いわゆる「お金持ち」には、こういう感じになっている人がいそうですね。大きなお世話ですが、お気の毒なことです。

「幸せになること」を目標にがんばると、目指し始めた時点から物足りなさや恐怖心や対抗意識に振り回されるかも。なんせゴールはないので、永遠にその状態が続くことになります。それはけっこう不幸せな状態と言えるでしょう。

チルチルとミチルが旅に出て探し求めた「幸せの青い鳥」は、結局、自分の家にいました。無理をして幸せを探そうとしなくても、**幸せは自分の手の届く範囲や自分の中にある**ということでしょうか。あっちこっち探し回ろうとしないことや、わざわざなろうとしないことが、幸せを感じる必須条件なのかもしれません。

人生のゴールは見えていなくてオッケー

そもそも「人生のゴールが見えている人」はいるのでしょうか。どうすれば見えてくるのでしょうか。しかし、私たちは漠然と「人生のゴールをイメージしなければならない」と思っています。

1つだけはっきり見えているのは「いつかは必ず死ぬ」ということ。**何歳のときにどこでどんな死に方をするかは、自分では選べません。**自分で選べる方法もなくはありませんけど、だからって自分から死を迎えに行くなんて愚の骨頂です。迷わず堂々と成り行きに任せましょう。

書店には「死ぬまでにやっておきたいこと」を書いた本がたくさん並んでいます。そういう本を読んで、提案されているすべての課題をこなしたら、悔いのない生涯が送れるのでしょうか。そうは思えません。「あれもやれない、これもやれない」という現実の壁を見せつけられて、打ちひしがれてしまうのが関の山です。

「死ぬまでに見ておきたい風景」や「死ぬまでに食べておきたいもの」の類も同じ。すべてをクリアしたところで、そのラインナップ以外の素晴らしい風景や美味しい食べ物はいくらでもあるでしょう。

もちろん、「すごくオススメ」という意味での「死ぬまでに〜」であることは重々わかっています。人生は有限だという焦りをくすぐる上手なキャッチコピーですが、「見てみたいな」「食べてみたいな」と胸ときめかせるぐらいにしておきたいもの。焦りをくすぐられすぎて「見なきゃ」「食べなきゃ」と悶絶《もんぜつ》するのは素直すぎます。

「人生のゴール」や「ゴールにたどり着くまでにしておくこと」は、無理して決める必要はぜんぜんありません。**自分なりに毎日できることを無理のない範囲で重ねていけばじゅうぶん**です。

あえて決めようとすると、どうしても「カッコいいゴール」や「体裁のいい課題」をひねり出したくなるのが人間のサガ。「死ぬまでにトルストイの著作を読破したいんだよね」なんて言っている人は、「そんな高尚な目標を持っているオレ」をアピールしたいだけで、実際に読破することはないでしょう。

ゴールなんか見えていなくても、わざわざ課題をたくさん背負わなくても、やがては人生の終わりが来ます。その日まで、無理せず気持ち良く生きていきましょう。

「人生の半分損をしている」でオッケー

「ウニが食べられないなんて、人生の半分損をしているよ」

「お酒が飲めないなんて……以下同」

「海外旅行に行ったことがないなんて……以下同」

いろんな人がいろんなことで「人生の半分損をしている」と、同情したりバカにしたりしてきます。もしかしたら、もったいないことをしているのでしょうか。

あたり前ですが、食べ物などの好みや生き方は人それぞれ。周りに合わせて無理をする必要はまったくありません。そもそもその相手にとっては、ウニやお酒が「人生の半分」を占めているのでしょうか。**だとしたら、けっこう寂しい人生かも。**

世の中には美味しいものや楽しいことが無限にあるでしょう。しかし、人生の時間も自分のエネルギーも有限です。相手にとって思い入れが深い「人生の半分」を参考までに勧めてもらうのはいいとして、その魅力を知らなくても「損をしている」と思う必要はありません。**適当に聞き流して、我が道を行きましょう。**

この本は全部読まなくてオッケー

もしかして、手遅れだったら申し訳ありません。手遅れということは、最初から順番に全部読んでくださったということですね。ありがとうございます！

パラパラとめくっているうちに、たまたまこのページを読んだ方は、この先もそんな感じでお楽しみください。各項目の見出しを見て、興味を惹かれるものや自分に関係が深そうなものから拾い読みすれば、より強くよりリアルに「無理をしない」ことの大切さを実感できるでしょう。

そのうえでほかの項目も読めば、この本で主張している「無理をしない快感」を深く理解してもらえるはず。無理して順番どおりに全部を読む必要はありません。**興味が湧かない項目は飛ばしながら**読んでいただいてけっこうです。

別の項目を読んでいるうちに保留しておいた項目も読みたくなって、気がついたら全部読んでいた——。そんな読み方をしてくださる読者がいらしたら、最高に嬉しいです。いや、そうしていただく必要はまったくありませんが。**ご無理なきよう。**

［解説］

人生というネジはあえてゆるくしておきましょう

石黒謙吾

本書のタイトルにした「無理をしない快感」という言葉が、仕事中の僕の脳内にすうーっと降りてきたのは、２０２２年5月のこと。「うん、これは今この時代に必要な本だ」と思ったのとほとんど同時に、書くのは石原壮一郎さんしかいない！　とひらめいてすぐに連絡し、プロデュース＆編集の仕込みがスタート。スパッと言い切れる項目として、煩悩の数である１０８本にしようと決め、２人で打ち合わせで盛り上がりながら、仮の見出し案を全部揃え、企画決定後に執筆を進めながら精査していただきました。

石原さんは、１００冊以上の著書を残すほど長年にわたり精力的に執筆活動を続けていますが（伊勢うどん活動も）、その生きざま……というと大げさですが、仕事的私的ともに、けっして力コブを作らないやわらかな姿勢、無理して地面を掘らずとも自然に湧き出してくる温泉のような稟性《ひんせい》を、大いにリスペクトしています。

僕自身も、雑誌編集者時代から数えればもうすぐ40年間この仕事を。２７０冊の本を作ってきた中で、時間・知力・労力・気力は膨大につぎ込んできましたが、「意識」方向で無理をしたことはありません。意識高く邁進《まいしん》するIT系起業家の方々（イメージです）から見たらケツを叩きたくなるであろう、「まあ、なんとかなるでしょう」「しょうがないか」とたゆたう、欲のないスタンスは直らないはず。そして、還暦を越えた今、あらためようという気持ちは以前のまま、ゼロです。たぶん、石原さんも。

本書の帯コピーを書いて石原さんに送ったとき、「意識低い系」という言葉について、「意識ゆるい系」はどうですか？　と提案が戻ってきたので、これは上手《うま》い、的確なキーワード！　と大賛成で飛びつきました。ネジはきつく締めすぎれば取れなくなったり壊れたりします。人生というネジはあえてゆるくしておきたい。

と自分で言っておきながら……石原さんには、11週間で108項目の原稿を書くという、ちょっと無理をさせてしまうお願いとなってしまい……。しかし原稿は順調に届き、限られた時間の中、多彩な角度からの論旨や実例で解説していただきました。

熱量を感じさせないのにじわじわ刺さる説得力。無理をしないテーマを無理なく落とし込む、これぞ人生の手練《てだ》れ、匠《たくみ》のワザ。本書をいつもトイレに置いて無理せず読み進めれば、大きな快感に包まれることでしょう。排尿排便の快感ではなく。

無意識に無駄な無理をしてしまうクセから抜け出す快感

いつのころからか、主に若い世代のあいだで「無理」という言葉の使い方が変わってきたことが、よく話題になります。

仕事を頼まれたときに「できません」ではなく「無理です」と断ったり、遊びの計画を提案されて気が進まないときに「無理」と反対したり、ある人が恋愛対象になり得るかを尋ねられて「無理無理無理無理！」と拒絶したり……。

そういう使い方に慣れていない中高年は、「はじめっから無理と言ってないで、少しはがんばる姿勢を見せろよ」と違和感を覚えがち。しかし、それは「無理をするのがあたり前」「無理をするほうがエライ」という発想です。

「無理」が「ＮＯ」の意味で使われるのは、とてもいい傾向だと言えるでしょう。「無理です」という断り方には、「自分に無理をかけることはやらない」「自分の気持ちを無理にねじ曲げる必要はない」という決意表明が込められています。じつに頼もしい限り。いや、そこまで自覚して言ってるわけではないでしょうけど。

若い世代の「無理」に違和感を覚える世代としては、その使用法を積極的に見習いましょう。他人に対しても自分に対しても、気が進まないときや自分の手に余ると思ったときには、どんどん「それは無理」と言いたいところ。やがて、無意識に無駄な無理をしてしまうクセをあらためられるに違いありません。

なんて、最後までしつこく「くれぐれも無理しないでくださいね」と言い続けてしまいました。もはや余計なお世話ですね。ここまで読んでくださった方は、いやこんな酔狂なタイトルの本を手に取った時点で、すでに「無理をしないワールド」の住人になっているはず。みんなでいっしょに無理せず歩き続けていきましょう。

本書は、辣腕《らつわん》編集者であり辣腕プロデューサーである著述家の石黒謙吾さんと、スゴ腕編集者であるＫＡＤＯＫＡＷＡの本田拓也さんをはじめ、たくさんの方々のご尽力で出来上がりました。みなさまのお手元に届くまでにも、販売や宣伝や流通に関わってくださるたくさんの方々のお世話になっています。本当にありがとうございました。

２０２３年１月　石原壮一郎

PROFILE

石原壮一郎（いしはら・そういちろう）

コラムニスト。1963年三重県生まれ。

1993年に『大人養成講座』でデビュー。以来、100冊以上の著書を世に送り出すなど、大人の素晴らしさを日本に根付かせてきた。還暦を前に、令和の社会に大切なキーワードは「無理をしない」だと気づく。以来、無理をしない具体的方策や効能にアプローチ。日々を気持ち良く過ごすリラクゼーションの極意を提示すべく本書をまとめる。主な著書に『大人力検定』『大人の言葉の選び方』『大人の超ネットマナー講座』『恥をかかない コミュマスター養成ドリル』など。故郷の名物を応援する「伊勢うどん大使」「松阪市ブランド大使」も務めている。

STAFF

文 …………………………… 石原壮一郎
企画・プロデュース・編集 …… 石黒謙吾
デザイン ………………………… 吉田考宏
装画 …………………………… 北野 有
撮影 …………………………… いしはらなつか
DTP …………………………… 藤田ひかる（ユニオンワークス）
制作 …………………………… ブルー・オレンジ・スタジアム

無《む》理《り》をしない快《かい》感《かん》

「ラクにしてOK《オーケー》」のキーワード108

2023年1月26日　初版発行

著者／石原壮一郎《いしはらそういちろう》

発行者／山下直久

発行／株式会社KADOKAWA
〒102-8177　東京都千代田区富士見2-13-3
電話　0570-002-301（ナビダイヤル）

印刷・製本／大日本印刷株式会社

●お問い合わせ
https://www.kadokawa.co.jp/（「お問い合わせ」へお進みください）
※内容によっては、お答えできない場合があります。
※サポートは日本国内のみとさせていただきます。
※Japanese text only

定価はカバーに表示してあります。

ISBN 978-4-04-113208-1　C0030